体面

漫画实践版

不失分寸的沟通智慧

待人接
……
世故的里子

牛克锦 著

哈爾濱工業大學出版社
HARBIN INSTITUTE OF TECHNOLOGY PRESS

图书在版编目(CIP)数据

体面：不失分寸的沟通智慧 / 牛克锦著. — 哈尔滨：哈尔滨工业大学出版社，2025. 2.（2025. 7 重印）— ISBN 978-7-5767-1944-4

I. C912.11-49

中国国家版本馆 CIP 数据核字第 2025T6N698 号

艳文工作室

体面：不失分寸的沟通智慧

TIMIAN : BUSHI FENCUN DE GOUTONG ZHIHUI

策划编辑　李艳文　范业婷
责任编辑　宗　敏
封面设计　天下书装
出版发行　哈尔滨工业大学出版社
社　　址　哈尔滨市南岗区复华四道街 10 号　邮编 150006
传　　真　0451-86414749
网　　址　http://hitpress.hit.edu.cn
印　　刷　三河市天润建兴印务有限公司
开　　本　710 毫米 ×1 000 毫米　1/16　印张 11　字数 112 千字
版　　次　2025 年 2 月第 1 版　2025 年 7 月第 3 次印刷
书　　号　ISBN 978-7-5767-1944-4
定　　价　52.00 元

前言

你或许有过这样的经历：

聚会时，试图用一句幽默的话来“破冰”，结果变成被嘲笑的对象；

面对不想做的事，刚鼓起勇气拒绝，却被对方的“情感绑架”弄得满脸尴尬；

明明是一片好心想夸奖别人，出口却成了“这件衣服让你看上去瘦了”，话音一落，空气瞬间凝固……

明明我们从小到大没少练口才，怎么在关键时刻总会把好好的话题“终结”？说话这件事，可真是太难了！

其实，这些糟心时刻背后的原因，归结起来只有一个——没有分寸。

分寸是什么？说白了，就是你既不踩别人的痛脚，又不给自己逾矩的机会。可惜，很多人根本没有这把“社交标尺”。于是，我们常常看到有人在家人面前肆无忌惮，却在老板面前唯唯诺诺；朋友间明明一片真心，却因一句“我觉得你应该”瞬间翻脸。还有人特别喜欢自说自话，把自己的情绪和观点当作金科玉律，最后只能得到别人的白眼和嫌弃。

要知道，社交这件事，不仅仅是“我想表达什么”，还有“对方想听什么”，更重要的是，这中间你得有点儿“体面”。

什么是体面？简单来说，它既不是讨好，也不是迎合，而是一种恰如其分的沟通艺术。会说话的人，不是因为他们话多，而是因为他们懂得说合适的话；高情商的人，不是因为他们没有脾气，而是因为他们知道何时收敛情绪。

体面，其实是一种懂分寸的自律。它教会你如何拒绝得优雅而不伤人，如何发脾气而不失教养，如何夸人夸到“点子”上，如何巧妙地避开那些“高危话题”。它是你在社交场上的“免死金牌”，更是你赢得人心的秘密武器。

这本书，就是你的“体面秘籍”。它不是教你圆滑，也不是让你学会迎合所有人，而是告诉你，如何在各种关系里游刃有余，在不同场景中精准切换状态。本书不是“社交铁律大全”，也不会让你一夜之间变成沟通大师，但它会带你思考、带你练习，让你在人际交往中不失优雅、不失分寸，赢得更多的尊重与认可。

本书分为七个部分，分别从情绪控制、表达精度、体贴细节、分寸拿捏、关系掌控、夸赞技巧和拒绝艺术七个维度，全面解构“说话的体面之道”。

希望每位读者都能从本书中找到属于自己的那份“体面”，笑看生活中的“社交滑铁卢”，从此不再做尴尬处境中的一员，而是成为能扭转局面的社交高手。

目录

第三章 维度：覆盖式体贴，想有力度先讲温度

第四章 分寸：细分相处对象，演好多面主角

第五章 进阶：从倾心到知心，精准把控亲密关系

第一章

痛点：情绪是最大的绊脚石

不随情绪起伏讲话，冷静才是高手风范

冲动是魔鬼，人一冲动起来，就很容易做出不合适的事情，说出不合适的话。等头脑恢复冷静，理智重新回归的时候，你才发现事情非但没有解决，冲动之下说出的言语反而让局面变得更加尴尬。这时候，就算后悔也来不及了。所以，掌握一些技巧，能够帮助你在沟通中掌控局面。

冲突中，不评判对错，只专注问题

当对方的情绪爆发时，冷静说话是最大的智慧，而不是去纠结“谁对谁错”。因为争论对错往往是“输家的游戏”，越争越气，越气越乱，最后两败俱伤。

比如，同事质问你：“为什么我的方案没有通过？”情绪化的回应是：“这能怪我吗？你的方案根本没有可行性！”这样的回答不仅会激化矛盾，还会让对方更加抓狂。

聪明的做法是陈述事实：“方案评审时，可能有些细节没表达清楚。我可以帮忙补充意见，下次再递交时会更完善。”这样既给了对方台阶，也让问题得以解决。

掌控语气，用柔和化解冲突

高情商人的冷静，不只是表面上的理性，更体现在语气的掌控上。语气柔和时，哪怕是提意见，也不会让人觉得被冒犯；语气一硬，哪怕是在关心别人，听起来也像是在挑刺。

比如，你发现朋友最近有点儿情绪低落，冷冰冰地问一句：“你怎么总是愁眉苦脸的？”对方的下意识反应可能是：“你管得着吗？”

如果换个语气问：“最近感觉你挺忙、挺累的，想不想找个时间放松一下？”柔和的语气不仅让人感到温暖，而且让对方产生倾诉的欲望。

把情绪变成工具，而非沟通的主导者

有情绪是人之常情，但高情商之人从不让情绪主导沟通。他们善于把情绪当成工具，用来调整语调、表达感受，绝不会让情绪冲破理智的防线。

比如，客户迟迟不给反馈，你急得火冒三丈，直接问：“为什么一直不回复？到底有没有诚意合作？”语气一冲，对方的戒备心立刻加强。

聪明的做法是心平气和地说：“这段时间大家都很忙，不知道您对方案有没有修改意见？如果需要修改，我们这边可以尽快安排修改。”这样的表达，把情绪转化为积极沟通的动力，对方自然更愿意配合。

带着情绪与人沟通可以短暂争出个对错，却无法长久赢得人心。冷静则是一种智慧，让你在沟通中保持掌控力，不让语言成为情绪的奴隶。

带点儿幽默解围，避开火药味儿

既然人们在沟通交流的时候会受到情绪影响，那么让谈话气氛变好，让对方心情舒畅，显然能让沟通变得更加顺畅。世界上还有什么比幽默更能在沟通中使人心情愉悦的呢？显然是没有的。因此，在沟通的时候，我们要“趋吉避凶”，多点儿幽默，少点儿火药味儿。

轻松化解，不争才是赢

如果遇到别人当面“挤对”，很多人的第一反应是正面回击，以硬碰硬，挽回面子。现实是，针锋相对只会让场面更加难堪，甚至升级为不必要的冲突。

一次朋友聚会时，庄严向王瑞开了个关于身高的玩笑：“王瑞，你这么矮，能娶到这么高挑、漂亮的老婆，真是上辈子拯救了银河系！”语气酸溜溜的，明摆着找碴儿。

换作一般人，要么忍气吞声，要么拍桌反唇相讥。王瑞却笑着回答：“是啊，我就是上辈子拯救了银河系，才有这样的好运！而且你听过吧，浓缩的都是精华！”几句话既巧妙地进行了反击，又不失幽默，赢得全场笑声，把挑衅化于无形。

自嘲是解围的利器

尴尬场面中，最难化解的就是别人错认了你，尤其是在公众场合。稍有不慎，别人觉得尴尬，你也下不来台。高情商的人，懂得用自嘲为自己和他人“搭台阶”。

有一个某明星被粉丝误认成另一位明星的故事。对方满腔热情地聊着该明星并未参演的电影，该明星没有揭穿，而是顺着聊，甚至在签名时写下了另一位明星的名字。这种自嘲式的幽默，不仅让粉丝开心而归，也避免了自己陷入难堪局面。事后，他笑谈：“不让别人尴尬，就是不让自己尴尬。”

把攻击变成台阶儿，顺势借力打力

有时，你会遇到别人无心的冒犯，或是故意刁难。这种情况下，与其较真，不如顺势借力打力，将对方的攻击转化为夸奖或调侃，让场面瞬间轻松。

比如，有人说你穿得太随意：“哟，你今天这身打扮挺随意啊！”如果你一本正经地解释，反而显得较真。高情商的回答是：“是啊，和你一比，我只能走休闲风了。”这既不伤和气，又巧妙地维护了自己的形象。

幽默是智慧的外衣，也是教养的体现。它让你不卑不亢、不急不躁。幽默的语言既化解了场面的尴尬，也维护了彼此的关系。下一次，当你遇到带有火药味儿的对话时，不妨停下来，给自己几秒钟，想一想如何用一句轻松的玩笑，既维护自己，又皆大欢喜。

别让小误会变成大隔阂，适当解释很有必要

人际关系就像一扇玻璃窗，透明而脆弱。有时候，一个小误会，就是那把敲碎玻璃的小锤子。更糟的是，很多人面对小误会时，要么懒得解释，要么硬碰硬回击，最后导致小误会越变越大，直到成为大隔阂，双方关系也随之破裂。适当解释是沟通中的“止损神器”。一段话、一句话，甚至一个眼神，都能拆掉误会“地雷”，让彼此的关系回归正轨。因此，使用一些技巧，避免小误会变成大隔阂，才能让体面持续下去。

误会最怕沉默，越装没事越出事

误会产生后，有些人选择沉默，“我就不解释，清者自清”。结果呢？不是被当成“默认”，就是被曲解成“心虚”。沉默不是误会的高级处理方式，而是让误会发酵的温床。

比如，同事对你说：“听说你在领导面前说了我的坏话。”你要是冷冷地回一句：“随便你怎么想。”只会让对方更确定自己的猜测，甚

至在背后让你“十倍奉还”。

面对这样的情况，在不否认对方感受的情况下阐述事实才是最好的回答：“可能是大家误会了，领导确实提到过你，但是是因为你的那个方案挺不错的，让我多向你学习。”这样既不会让误会加深，也能释放出善意。

解释不是“卑微求饶”，而是澄清立场

有些人不愿解释，是怕显得自己太“低声下气”。其实，解释的关键不在于低头，而在于澄清自己的立场，用理性化解对方的误解。

比如，朋友抱怨：“上次聚会，你是不是故意没有叫我？”如果你随口说一句“想多了吧”。对方只会更生气地说：“你就是没有把我当回事！”不如换个角度，用高情商的话语回应：“哎呀，真是不好意思，我以为你那天有安排，就没有打扰你。下次一定提前问清楚，必须补上！”一句话，让误会变成承诺，关系反而更近了。

对方发火时，先“灭火”再解释

当误会让对方情绪激动时，最忌讳直接争辩。因为此时对方只想“输出”情绪，你却偏偏试图讲道理，这样做只会火上浇油。

比如，家人误会你忘记了重要的纪念日，埋怨道：“你心里根本没有我们！”你要是回一句：“你这话说得太过分了吧？”结果只会让对方更加失控。

面对这样的情况，最好是先“灭火”再解释：“我知道这件事让你们很失望，确实是我的错。其实我一直记着，只是最近工作太忙，耽误了安排，改天咱们好好补上。”先安抚情绪，再给出补救计划，才不至于让误会加深。

解释后给台阶，别让对方下不了台

解释完后，不要忘记给对方一个台阶。因为即使误会解开了，对方也不想让自己看上去“输了”，适当给台阶，能让彼此的关系更加紧密。

比如，误会解开后，你可以说：“还好你跟我提了，不然我还真的没有意识到这件事有这么大的影响。”这既表明对方的提醒是有价值的，又让对方觉得自己的情绪被尊重了。

下次，当你遇到误会时，不妨停下来，耐心解释，真诚表达。记住，误会不是问题，拒绝沟通才是。毕竟，再坚固的玻璃窗，也禁不起一次次的敲击。一句真诚的解释，就能成为修复彼此关系的“万能胶”。

管住急脾气，慢下来更显教养

急脾气，容易造成一场社交灾难。急脾气的人，像盛夏的大雨，脾气说来就来，说完就完，把一次次好的沟通变成一场场暴风骤雨。真正有教养的人，懂得按下情绪的“暂停键”，把急脾气埋在心里，用理性取代火气。不是因为他们不会生气，而是因为他们知道：慢下来，才是沟通的最佳节奏。那么，在沟通中慢下来，究竟有怎样的好处呢？

慢下来，才能避免矛盾升级

急脾气的人，总爱“第一时间”给出反应，结果一不小心就暴露了自己的情绪底线，给别人留下话柄。

比如，客户抱怨你的工作效率低：“你们团队是不是对这个项目不上心啊？”你立马生气地说：“怎么可能！我们已经加班加点了！”结果客户听完更加不满：“你们的效率真低。”语气瞬间从“抱怨”变成“攻击”。

如果你用缓慢的语速拉低对方的情绪：“我们最近确实比较忙，但对这个项目一直很重视。如果有延误的地方，我们一定会尽快优化。”这样的回应，既化解了对方的不满，又避免了矛盾升级。

慢下来，才有余地考虑对方的感受

急脾气的人，很容易把自己放在沟通的中心，而忽略对方的感受。慢下来，是给彼此一个情绪缓冲的空间。

比如，同事质问你为什么总是抢他的任务，如果你急着反驳：

“我什么时候抢了！”只会让对方觉得你“死不承认”。不如先听他说完，然后冷静地回应：“可能是沟通上有误会，咱们可以重新分配一下任务，保证彼此配合更顺畅。”这样一来，既让对方感到被尊重，也能有效解决问题。

慢下来，不只是为自己，也是在给对方台阶

急脾气的人，总容易因为快言快语不给对方留余地，结果把原本能化解的矛盾推向不可挽回的局面。

比如，家人对你说：“你最近总加班，都没有时间陪我们。”如果你急着回应：“我这不也是为了这个家嘛！”这样说只会让家人觉得你在找借口。高情商的人会选择慢下来，温和地回应："最近确实比较忙，但这个周末我留给家里，咱们一起好好吃顿饭。"一句承诺，既消解了埋怨，又让彼此关系更近了一步。

学会慢，是一种智慧。慢，是不在冲动时开口，是遇到质疑时先聆听，在情绪爆发前给自己几秒的时间作为缓冲。慢，是一种控制急脾气的能力，更是一种尊重他人的态度。

用“冷处理”化解冲突

冲突，是每个人都想避开的沟通“黑洞”，却又总会不请自来。无论是朋友间的一次误解，还是职场上的一次争执，冲突出现的那一刻，场面就像泼出去的水，难以收回。其实，高手面对冲突时，常常会选择“冷处理”。这不是装傻，也不是回避，而是一种高情商的策略——暂时抽离情绪，让自己和对方都有时间冷静下来，给矛盾降温，为解决问题铺路。

《将相和》的故事相信大家都听说过。战国时期赵国舍人蔺相如，带着和氏璧前往秦国赴会，利用自己的智慧将和氏璧带了回来，留下了“完璧归赵”的佳话。

之后，蔺相如又在渑池之会上保住了赵王的尊严。种种功绩加起来，蔺相如被封为上卿并不为过。

老将军廉颇则认为，赵国的“面子”全靠自己战无不胜才能维持，一个书生耍两句嘴皮子就爬到他的头上，简直是岂有此理！他还放出话去，要是见了蔺相如那小子，肯定给他点颜色看看。

蔺相如为了避免因两人冲突危害国家利益，就称病不去上朝，处处躲着廉颇。廉颇知道此事后，羞愧得恨不能找个地缝钻进去，最后背着荆条去求蔺相如原谅。

蔺相如所用的办法就是“冷处理”。从这个故事里，我们也能总结出一些关于“冷处理”的道理来。

将情绪抽离，才能看清问题本质。廉颇被嫉妒冲昏了头脑，认为这件事情就是蔺相如爬到了他的头上，赵国对他不公。蔺相如却看到，如果两人有了冲突，其他国家就会认为赵国将相不和，将相不和就意味着有机可乘。所以，他才越发打定主意绝不和廉颇起冲突。

为何蔺相如没有“明知山有虎，偏向虎山行”呢？他是个书生，廉颇虽老，怎么说也是个将军。他要是跟廉颇发生正面冲突，廉颇斗嘴不成，动武可是能打败好几个蔺相如的。如果蔺相如不选择退避，恐怕会遭到一顿打。

在“冷处理”过程中，暂停沟通并不代表冷暴力。暂停沟通，只是为了让对方的情绪逐渐平和，在理性回归的时候进行更好的沟通。因此，当廉颇回过神来，知道自己错了，负荆请罪的时候，蔺相如也没有摆什么架子，干脆利落地原谅了他，两人重归于好。这既顾全了国家大局，又保护了两人的体面。

在负面情绪面前，“冷处理”是一门缓冲艺术。它让你有机会从情绪的旋涡中抽身，用冷静的态度重新审视问题，也让对方的火气有机会散去，为沟通创造更好的条件。

下一次，当你感受到冲突的火药味儿时，不妨试试“冷处理”：先暂停情绪，冷静回应，再用理性解决问题。“冷处理”不是冷淡，而是为冲突“降温”；不是逃避，而是为解决问题争取空间。

要想看清一个人的修养，就看他如何发脾气

一位男士非常想拥有绅士风度，于是他来到一家绅士会所，希望能够有所收获。

刚刚进门，一位女服务生由于走得急，不小心将托盘中的酒洒到了他的礼服上。这位男士看见新礼服被弄脏，愤怒不已，破口大骂："混蛋！你走路没长眼睛啊！你知道我的礼服有多贵吗？"

尽管女服务生一再道歉，这位男士依旧不依不饶，骂个不停。见此，主管走了过来，真诚道歉道："先生，对不起！她是刚来的，做事不太熟练，我代她给您道歉。"

"道歉？！道歉就能让我的礼服变干净吗？它可足足花了我半个月的工资！"说着，男士又骂了起来。

片刻之后，主管问道："先生，请问您来这里是做什么的呢？"

"我是来学绅士风度的，谁知道遇上这么个不长眼睛的，真倒霉！"

"那么，我来教您吧。"主管说着，走到一位正在谈话的男士身

边，将酒洒在对方的礼服上，郑重行礼并道歉：“先生，对不起，我不是有意的。”

对方连忙起身还礼，微笑着说：“没关系。没有吓到您吧？”

主管转向第一位男士说道：“您看，这就是绅士风度！”

该男士顿时满脸羞红，逃也似的离开了会所。

一个有修养的人，即便被人冒犯，内心不快，也不会大发雷霆，得理不饶人。相反，他会及时自我调节，如深呼吸，在心里对自己说：“他不是故意的，我应该保持宽容心。”接下来，一笑了之。

当然，这不是说不让你释放情绪。别人冒犯你，你心生不快或愤怒，是正常的。因为人都有情绪，情绪的产生往往不受自身控制。但是如何释放情绪，却是可以控制的。这足以体现你的修养。

那么，如何正确释放情绪或者说“发脾气”呢？

明确表达感受，而不是一味地发脾气

你感到不满或愤怒，不能做到一笑了之，那么可以清晰、直接地表达你的愤怒。

如果你是案例中的第一位男士，可以这样说：“我感到很生气，因为你弄脏了我的新礼服，而它很昂贵，花了我大半个月的工资！更重要的是，我特意穿着它来会所，现在却弄脏了，该怎么办？”明确表达自己的感受，而不是一味地发脾气、责骂对方，自然不会让人感觉失了教养。

当然，要记住，千万不要出口成“脏”，更要避免使用攻击性或侮辱性的语言。

尽快让自己冷静下来，不沉浸在愤怒中

表达愤怒之后，要尽量让自己冷静下来。可以先停下来深呼吸几次，或者尝试从 1 数到 10，给自己一个冷静的时间。同时，告诉自己：愤怒只是情绪的一种，它不代表你必须发脾气或做出冲动的行为。

当你冷静下来，并把注意力转移到解决问题上时，自然就可以轻松地从愤怒中脱离出来。在这个过程中，不要与对方争论，不要得理不饶人，否则很容易被点燃情绪，一发不可收拾。

所以说，不管什么时候，你都要努力克制情绪，冷静、理智地表达自己的愤怒，这样才可以更好地解决冲突，突出你的良好修养。

第二章

深度：话多无益，能吸引人才是精髓

长话短说，给对方留些思考空间

会说话的人，就像高明的厨师，知道调料用多了会抢味儿，火候过了会影响口感。话太多，何尝不是一样的道理？语言是沟通的桥梁，如果桥上堆满不必要的废料，谁还想走过去？学会长话短说，才是真正的沟通高手。

长话短说，是一种高级的分寸感

长篇大论，表面上是信息输出，实际上是社交入侵。没有人愿意被强行占用时间，更别提被迫接收无休止的“语言轰炸”。

比如，饭局上领导问：“这个项目进展怎么样？”喜欢滔滔不绝的人可能会从项目启动开始汇报，讲到每个细节，生怕遗漏。但结果呢？5分钟后，领导只会微笑着点头说：“下次写一份总结发给我。”整场发言白费力气。

正确的做法是抓重点，三句话说完：“目前已完成80%，遇到的问题是资金审批，已经向财务申请解决。预计按时完成任务。”简单明了，既展现了自身能力，又给了对方足够的反应时间。

不把“解释”变成“说教”

有时候，说话多不是为了交流，而是试图灌输。这样不仅让人感到有压力，还会让你的观点显得“廉价”。精练表达，反而让人更容易接受。

比如，朋友抱怨："我最近工作太累了。"你可能一个劲儿地安慰："工作就是这样，要学会平衡，别给自己太大压力，多运动、多休息……"认知越低的人，越爱从别人身上找原因。话说得再好，对方也听不进去。

更好的回应是："辛苦了，听起来你需要放松一下。要不找个时间一起聊聊？"既表达了关心，又让对方觉得你的建议可行。

让对方“接话”，沟通才会更顺畅

长话短说的核心之一，是给对方话语权。你说得太多，反而容易让对方失去参与感，导致沟通陷入“单向输出”的死局。

比如，在团队会议中，如果你一直在讲这个方案应该怎么做、具体步骤是什么、可能的结果会如何……其他人可能只是机械地点头。

你要是能控制表达节奏，简单搭建一下框架：“我认为方案可以这样调整，核心逻辑是这样……大家怎么看？”这种方式不仅能激发团队成员思考的积极性，还能让成员的建议成为讨论的一部分。

语言要有重点，别用“废话”掩盖价值

沟通中最忌讳的，是用冗长的语言掩盖真正的信息。没有重点地表达，等于浪费彼此的时间。

比如，向客户推销产品时，你用大量术语解释技术优势，可能只会让对方听得昏昏欲睡，不如直接抓住对方的需求：“这个产品能帮您提高效率，节省 20% 的运营成本。”简单直接的好处是，对方能立刻抓住核心信息，愿意继续听下去。

长话短说不是减少沟通，而是让你的表达更有分量，更能让人回味。精辟的语言，才是沟通高手的标配，也是在社交中展现教养和分寸感的最佳工具。

一语中的，深度比广度更显分寸

话多是一种喧嚣，话少是一种态度，而话到深处，才是一种智慧。沟通高手，从来不靠“铺天盖地”，而在于“一针见血”。今天，我们就来聊聊，为什么沟通中深度比广度更显分寸，以及如何做到一语中的，让每句话都直击人心。

一语中的，才是真正的“高效输出”

在职场或社交中，最让人头疼的，是那些“绕远路”的回答。一件简单的事，非要兜兜转转绕好几圈，最后还让人摸不着头脑。

比如，朋友问：“你觉得我写的文章怎么样？”你可能滔滔不绝：“语言挺流畅的，结构也不错，但中间这段有点长，逻辑稍微有点乱……”最后，朋友脸色越来越差，因为他本想知道的是“这文章过不过关？”

真正高效的回应是：“文章不错，重点逻辑稍微调整一下会更清晰。”这不仅是对方想听的答案，还能让他觉得你在认真倾听和分析。

深度表达，是一种分寸感的体现

体面离不开分寸感，它意味着你能抓住对方真正关心的问题，而不是自顾自地讲一堆“无关的话题”。

比如，客户问：“你们的产品和竞品比有什么优势？”

你要是从材质、工艺、生产流程一直讲到企业愿景，客户只会心生不耐。

真正有深度的回答是：“我们的产品在耐用性上更强，数据上比竞品高出 20%，这点您可以直接感受到。”

说得少，才会让人更想听

很多时候，表达的目的不是“讲尽一切”，而是“引起兴趣”。你说得太多，对方反而会失去继续探讨的欲望；说得少一点，留出悬念，反而能让对方更主动。

比如，在一个自我介绍的场合，有人滔滔不绝地讲了 5 分钟，把自己从小学到现在的履历一股脑地全抛出来。相比之下，高情商的人可能只是简单的一句：“我是一名产品经理，最近刚带团队完成一项创新项目，如果大家感兴趣，之后可以深入聊聊。”短短一句话，既抛出亮点，又让人意犹未尽。

下一次，当你面对需要表达的场合时，不妨问自己："我最想表达的核心是什么？"用最少的语言，把这个核心说清楚。别让广度稀释了深度，用深度来提升沟通效率，增加分量。

少用“我觉得”，学会自信表达

沟通中，最“扎心”的瞬间莫过于你掏心掏肺说了半天，结果对方一句“哦，你是这么觉得啊”，直接把你的观点打入“个人感受”的冷宫。不是因为你说得不够多，而是因为你表达时缺乏自信，所说话语变得毫无力量。

真正的沟通高手，懂得避开模棱两可的表述，用精准有力的语言，表明自己的立场。“我觉得”“可能吧”“大概是”，这些话不仅不能让人觉得你很谦虚，反而会认为你的话无法让人信任。

去掉“我觉得”，你的话才有分量

那些动辄说“我觉得”的表达，其实是在为自己的话设下“防护网”——怕被反驳、怕被否定。表达需要承担一定的风险，只有敢于承担，才能让人感受到你的专业性，从而信任你。

比如，领导问你：“这个季度的目标能完成吗？”你回答：“我觉得能完成的可能性很大。”这不仅显得不够自信，还可能让领导对你的执行力产生怀疑。

自信的表达是：“目标可以完成，目前的挑战在于资源调配，我们正在全力推进。”这样的回应不仅显得专业，还让对方感觉到你对问题的把控力。

“我觉得”的替代公式

沟通中要少用“我觉得”，但不意味着要摆出一副不容置疑的姿态。以下是几个“我觉得”的高情商表达替代公式，既能体现自信，又不失分寸感。

“根据目前的信息……”

基于事实说观点，而不是个人感受。

“这个方案的优势在于……”

突出逻辑，而非单纯地表达感受。

“我更倾向于……”

委婉地传递立场，同时为对方留有空间。

“我的建议是……”

明确你的态度，同时表现出开放的心态。

自信表达不等于武断

有人担心去掉“我觉得”，会显得咄咄逼人、不留余地。其实，自信表达和武断发言之间，有一条清晰的界限：自信表达是用事实支撑观点，而不是用情绪推销主张。

比如，客户质疑你的报价：“这个价格是不是太高了？”你可能下意识地说：“我觉得我们的产品值这个价。”这样的回应不仅没有说服力，还让客户认为你是自说自话。

更好的回应是："这个价格包括后续维护和升级服务，可以为您节省至少20%的运营成本。"清晰的事实和数据，胜过所有的"我觉得"。

语言是你的外在标签，能否清晰自信地表达，是他人判断你的专业度和可靠性的关键。少用"我觉得"，不是要你变得强硬，而是让你的每句话都更有力量。

下一次，当你准备表达时，不妨提醒自己：去掉那些模糊词，用事实和逻辑支撑观点。你会发现，少了"我觉得"的语言，不仅更简洁有力，还能让你在人际沟通中更有吸引力。

点到即止，让人意犹未尽

会说话是一门艺术，懂得“点到即止”，更是这门艺术的至高境界。太多的话像水灌满杯，溢出的部分只会浪费；太少的话，则让人难以读懂你的用意。“点到即止”则恰到好处，既传达了意思，又留有余味，让人回味无穷。

不用长篇大论，话说三分更显智慧

沟通中，最怕的就是“话太多”。特别是面对上级时，啰唆不仅让你的话显得毫无重点，还容易让人失去耐心。高情商的人总是能抓住重点，用最少的话表达最多的信息。

比如，新副总上任后不久，领导问小张：“昨天的文件给副总看了吗？”换作别人，可能会滔滔不绝地讲一堆流程和细节。小张只是淡定地回答：“昨天整理完文件，副总已经下班了，我直接送到了他家里。当时他们一家正准备吃饭，对了，刘经理和王经理也在。”

这句话简单却层层递进，不仅说明任务完成了，还透露出自己的用心。

留点余味，让对方感受到你的分寸感

说话的分寸，不在于话的多少，而在于你给对方留出了空间。把话说尽，反而让人觉得你居高临下，不给对方台阶；点到即止，则是充分尊重对方的智慧。

比如，宴请时有人问你："这次的项目，你们部门压力不小吧？"低情商的回答是："是啊，整个部门加班熬夜，连我都快撑不住了！"这样的话不仅暴露了团队的疲惫状态，还显得你工作效率低。

真正有分寸的回应是："确实，项目任务重，但团队齐心协力，目前进展很顺利。"点到即止，既回答了对方的问题，又传递了积极的信息，同时为接下来的对话预留了空间。

过度解释，只会显得底气不足

有时候，说太多的背后，往往是对自己的观点不自信。你试图通过补充细节和重复解释来证明自己，反而让人觉得你的立场不够坚定。

比如，客户质疑你的方案："这个设计会不会不够灵活？"你下意识地辩解："不会的！我们这个设计考虑了市场需求、客户体验，具体流程是……"结果讲了一大堆，对方还是不买账。此时，与其反驳客户，不如克制自己反驳的欲望，点到即止。

更加体面的回应是："这个设计在灵活性上完全符合要求，如果需要进一步调整，我们也可以随时优化。"一句话，既回应了疑问，也让人感受到你的从容和专业。

"点到即止"不是减少表达，而是让你的话更有分量，让对方意犹未尽。毕竟，好的沟通不是话语堆砌，而是言辞之间的分寸感。这才是真正的沟通智慧。

适时沉默，有时候什么也不说最好

有句话说得好："水太深，风太大，没有实力少说话。"然而，现实中很多人却害怕沉默，误以为沟通时不说话就是冷场，甚至是输掉了场面。于是，为了填补"空白"，他们急于表态、解释、说服，结果话越说越乱，场面越来越僵。

高手从不惧怕沉默。对于他们来说，话说得少，不是因为没话可说，而是明白沉默是一种更高段位的表达。用对了沉默，往往能让对方感到分寸感、尊重感，甚至威慑力。

沉默，是给自己留有思考空间

沟通中，最忌讳的就是急于回应。话没有想清楚就脱口而出，可能会立刻暴露你的逻辑漏洞，或让你情绪失控。那些懂得沉默的人，会先给自己一段"缓冲期"，让头脑冷静下来，找到更有力的表达方式。

比如，开会时领导突然问你："为什么这个月的销售数据下滑了？”急性子的人可能立马解释道：“市场竞争太激烈了，客户预算减少……”一通乱答，等于自己给自己“挖坑”。

高情商的人会选择短暂沉默，先思考，再回答：“这确实是个需要重点关注的问题。我们团队总结了几点原因，稍后可以详细汇报解决方案。”这种沉稳的态度，比慌乱的解释更容易赢得信任。

沉默，是一种让对方开口的策略

有时候，沉默比说话更能让对方感到压力。因为一片沉默之时，往往是对方自我反思的最佳时机。

比如，客户抱怨：“你们这款产品根本不符合我的要求！”如果你急着解释，只会让对方更加情绪化。聪明的做法是保持沉默，微笑地看对方，等他情绪稍微平复后，再用一句轻松的话回应："听起来您对细节有些期待，我们可以再调整一下，具体哪里不符合，能再说说吗？"

这种沉默不仅避免了冲突，还把主动权巧妙地交还给对方，让沟通回到理性轨道。

沉默，是一种增强分量的表达技巧

有时，沉默是一种刻意的停顿，让你的话语更具分量。语言也需要节奏感，快慢结合，才能产生最佳效果。

比如，在演讲中，你说："这个方案的核心价值，是为客户节省50% 的时间成本……"如果你立刻接着讲下一句，对方可能还没有反应过来。但如果你停顿几秒，眼神扫向听众，沉默片刻，再补充道："想想看，50% 的时间意味着什么。"这种沉默带来的留白，让你的话更容易被人记住。

第三章

维度：覆盖式体贴，想有力度先讲温度

握手、眼神交流，瞬间传递尊重

人与人之间的尊重，不只是语言，更藏在细微的动作里。握手、眼神交流这些小事，虽然看似微不足道，却是迅速传递情感和态度的信号。

想要别人欣赏你，先从会握手、懂眼神开始。

握手：分寸拿捏的艺术

第一次见面，握手就像递上自己的名片，分寸感决定第一印象的好坏。

握手太轻，会让人觉得你缺乏诚意，像是心不在焉地碰了一下；握手太重，又像在上演摔跤比赛。

标准的握手应该用力适中、手掌平稳、时间控制在两三秒，还要配合适当的微笑和问候语。这样握手既表达了礼貌，又避免了用力过猛的尴尬。

如果对方是长辈或上司，那还得多注意：主动伸手会显得你很热情，但让对方先伸手，会显得你更尊重对方。

眼神交流：比千言万语更有力量

眼睛是心灵的窗户，一次真诚的对视，能迅速拉近人与人之间的心理距离。

和人交谈时，眼神游移不定，就像在无声地告诉对方："我对你没有兴趣。"但盯着人家不放，也会让对方感到不适。

高情商的人眼神交流，讲究的是短暂而真诚的注视：看对方眼睛的时间不超过 5 秒，随后自然移开，必要时点头或微笑。这种方式既表达了关注，又避免了直视时的压迫感。

电影《国王的演讲》中乔治六世因为口吃而自卑，他的老师从不打断他，始终用温和而坚定的眼神鼓励他。这种眼神让乔治六世重拾信心，也让他终于在万人面前做了一场动人心弦的演讲。

握手与眼神的“组合拳”：尊重即细节

如果说握手是传递友好的“硬件”，眼神就是提升温度的“软件”。在社交场合，两者搭配使用，才能真正让你的体贴和尊重打动对方。

试想，你参加一个重要会议，和每位参会者握手寒暄时，既用力适中地握住对方的手，又自然地用眼神与对方交流，哪怕只是一秒钟，都能让对方感受到你传递出的真诚与重视。这种尊重感，会让你瞬间脱颖而出。

反之，如果你握手时心不在焉，眼神漫不经心地飘向别处，哪怕你的言辞再得体，也很难让人真正觉得你在意这次见面。

下一次与人见面时，记得用握手和眼神传递你的真诚和重视。毕竟，这些看似简单的小事，才是你在人际交往中展现体面的最基础也是最重要的智慧。

关心他人细微之处，体贴深入人心

会说话是一种能力，但懂得体贴入微则是一种智慧。沟通中最打动人心的，不是语言有多么华丽，而是那种让人感受到“你是真的在乎我”的细腻。

想让话语有力度，先得让它有温度；温度的来源，往往藏在那些被人忽视的细节里。

从“我们”开始，让对方感到被关怀

沟通中最微妙的细节，莫过于“我们”和“你”或“我”的选择。多说“我们”，就像递给对方一杯热茶，让人感受到团结和支持；一味地强调“你”或“我”，则容易让人感到有距离甚至被指责。

比如，你的同事任务进度落后了，你可以说：“我们是不是可以再优化一下计划？”而不是指责说：“你为什么拖延进度？”一个“我们”，不仅避免了对抗，还让对方觉得你是在帮他，而不是站在他的对立面。

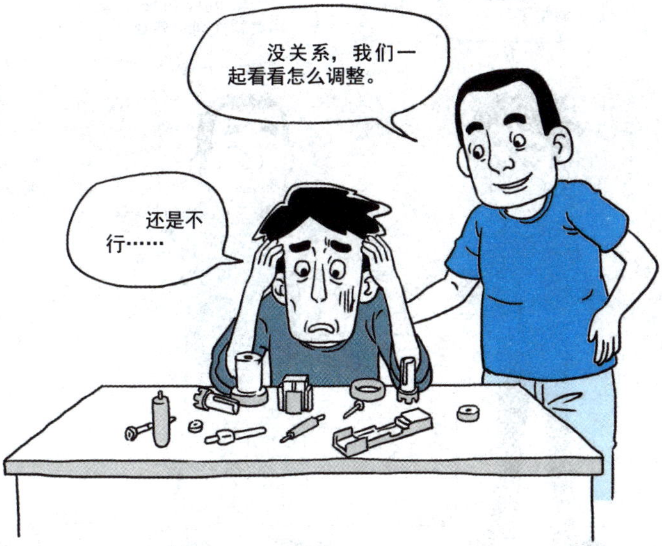

细节中的温度，最容易打动人心

真正的沟通高手，懂得从细节中捕捉对方的情绪，让人感受到被理解的体贴。

比如，当同事在茶水间抱怨：“最近太忙了，感觉每天都喘不过气。”如果你只是敷衍地说一句：“谁不忙啊！”对方只会觉得你冷漠。如果你回应道：“最近确实挺多事情，要不要我帮你分担点？”即便对方不需要帮助，也会因为你的关心而感到舒心。

温暖人心的沟通，往往不是靠大道理，而是靠细微的体贴。这种细腻的关怀，最容易拉近人与人之间的距离。

如何练就“细微之处见体贴”的能力

多用“我们”代替“我”和“你”：拉近心理距离，让对方觉得你是站在他那边的。

关注对方的情绪：不是急着回应，而是先感知对方的心情，从而调整自己的语言。

让赞美和关心具体化：避免空洞的表达，让语言更有分量。

学会主动询问：不要等对方先向你倾诉，先用体贴的问题打开对方的话匣子，如“最近好吗？”“有什么我能帮忙的？”……

沟通不是语言的堆砌，而是心与心的交流。

真正能打动人的沟通，是藏在细节中的体贴。

当你学会关注细微之处，用“我们”拉近距离，用细节展现关怀时，你就能让人感受到真诚和温暖。

呵护“玻璃心”，不戳不碰才是真体贴

人与人相处，就像在瓷器店里跳舞，小心翼翼，不敢乱碰。尤其是面对“玻璃心”的人，一点不合适的话，就可能像碰到了龙的“逆鳞”一样，惹出一场无妄之灾。

高杰回老家的时候，有个婶婶问起他的工资。他知道婶婶的女儿过得不怎么好，就把自己说得很惨，说自己每个月的工资只有四五千元。婶婶立马露出笑容，然后继续追问：“那到底是 4 000 元还是 5 000 元呢？”他便说：“有时 4 000 元多一点，有时连 4 000 元都没有。”婶婶脸上的笑容越发灿烂，甚至连说话声音都大了不少。

想要跟身边的人搞好关系，就要多呵护别人的“玻璃心”，不要故意打击别人脆弱的内心。

别让热情过头，变成“冒犯”

人们常说，“真诚是交流的桥梁”，但真诚如果失了分寸，也可能变成“冒犯”。

就像售楼员小王，面对看房的年轻情侣，不问对方需求，反倒开启了“灵魂拷问”：

“什么时候结婚？

“打算要几个孩子？

“父母是不是要一起住？”

他本想展示自己的热情，却忽略了这些问题可能触犯了对方的隐私。果然，尴尬的气氛扑面而来。女孩的脸色瞬间变冷，随即反问一句：“双方父母都接来住怎么办呢？”小王这才意识到自己挖了个“深坑”，却已经来不及填了。

沟通的第一要务是让对方感到安全，而非压力重重。热情要适度，话题要慎选，少提涉及对方隐私或敏感的问题，这才是真正的高情商。

换位思考，带着温度去沟通

沟通中的体贴，不只是语言技巧，更是一种共情能力。站在对方的角度思考，用心体会对方的情绪和感受，才能让你的话语更有分量。

比如，当同事抱怨工作压力大时，不要不耐烦地说："我比你还忙！"而是认真回应："有什么我能帮忙的吗？"这种关心对方感受的语言，能迅速拉近彼此的距离，让对方感受到你的真诚和温暖。

如何练就呵护"玻璃心"的沟通能力

学会观察对方的反应：说话前注意对方的表情和情绪，发现对方有抗拒迹象时，及时调整话题。

避免常识性“雷区”：少提及敏感话题，不要“哪壶不开提哪壶”。

用积极语言表达建议：提建议时，先说优点，再提改进空间，让对方更容易接受。

站在对方的角度思考：先想清楚对方最在意的是什么，再决定如何措辞。

语言是一把双刃剑，既可以拉近彼此的距离，也可能给双方造成伤害。高情商的人，不只是会说漂亮话，更懂得说恰当的话。带着温度去沟通，才能让你的话语既有力度，又能让人感受到体贴和尊重。这就是沟通中的“体面”智慧。

记住对方的姓名，用礼貌称呼拉近距离

在社交中，最动听的声音是什么？不是歌手的高音，也不是诗人的吟诵，而是别人喊出你的名字。记住对方的名字，并用礼貌的称呼喊出来，是一个“低成本、高收益”的沟通技巧。一句得体的称呼，不仅让人备感尊重，还能迅速拉近彼此的距离。

如何记住名字？从第一句话开始

刚认识一个人时，很多人会经历“名字进耳朵，出脑袋”的尴尬过程。有心人则懂得用小技巧迅速记住他人的名字。

重复强化：第一次听到名字后，立即复述一遍，比如“张总？好的，张总，久仰！”这种重复既能帮助你记住，也会让对方感到亲切。

名字联想：将名字与特点或记忆点联系起来。比如，朋友叫“小周”，你可以在脑海中记下“爱开玩笑的小周”。

用称呼承载记忆：不要吝啬用礼貌称呼喊对方，比如“王老师”“李总”。称呼一多，名字就在你心里扎根了。

礼貌称呼的魔力

礼貌称呼不仅是礼仪，更是一种软实力。用对称呼，能迅速赢得对方的好感；用错称呼，可能瞬间让气氛尴尬。

比如，有一次商务会谈，客户姓杨，但你一直喊人家“张总”，结果对方脸上明显挂不住了。相反，高情商的人会在会谈前认真确认每个人的名字，并主动在交谈中多次使用。

更高明的做法是，在称呼中加入“情绪价值”。

面对同事：“李姐，这份策划太精彩了，真佩服您的专业！”

面对客户：“杨总，这次合作真是得益于您的信任！”

这些称呼配上真诚的夸赞，会让对方如沐春风。

当你忘记对方的名字时，怎么办

忘记名字是社交中难免会遇到的尴尬情境，但高情商的人懂得化解。

“曲线”救场：直接问对方的联系方式，比如“您的微信名称是用真实姓名还是昵称”，借此重新确认名字。

坦率又幽默：大方承认忘记了对方的名字，用幽默化解尴尬。比如：“您的名字这么特别，我竟然一时脑袋‘短路’了！”

求助旁人：借助第三方提醒，比如听别人称呼对方的方式。

忘记名字不可怕，冷场和尴尬才是沟通的大敌。

下次与人交往，试着多用对方的名字和礼貌称呼，说不定你会发现，真诚和尊重真的可以从名字开始传递。

切忌打断对方说话，倾听是一种尊重

聊天是一门技术活，而不是一个人的演讲比赛。在对话中，学会静听，是一个人情商和修养的体现。

打断他人说话，是社交中的一记“重锤”，砸得不仅是谈话氛围，更是一直想要维系的关系。

为什么打断他人说话让人讨厌

想象一下，你正在兴致勃勃地给朋友分享一段旅行经历：“我那次去云南，洱海的景色真的……”

话还没有说完，对方就抢答：“洱海啊？我去过，没什么特别的，还不如……”

这时，你的兴致可能直接跌到冰点。

打断他人说话不仅仅是不礼貌的表现，还意味着对方的兴趣和注意力根本不在你的身上。

打断他人说话背后的潜台词

有些人为什么会忍不住打断他人说话？归根结底，是沟通中的“自我中心主义”在作祟。许多人并非有意无礼，而是下意识地觉得自己的话更重要、更值得说。

比如，朋友说：“最近工作好累。”你没有等他说完，就抢着说：“我也累，昨天加班到凌晨。”这种“顺势接话”，看似在交流，实则忽略了对方的感受，把对话变成独角戏。

高情商的做法是耐心听完，再说：“最近大家都挺不容易的，有什么我能帮忙的吗？”这既回应了对方的情绪，也展现了你的体贴。

如何优雅地打断他人说话

延迟表达：当对方在讲话时，哪怕你有想法，也可以先用肢体语言表示你在听，比如点头、微笑、眼神回应，等对方说完再接话。

用“补充式”接话：即便必须插话，也要注意语言缓和，比如“我补充一下您的想法”或者“您刚提到的让我想起……”，这样显得既尊重对方又自然。

用笔记克制自己：当你忍不住想打断他人说话时，不妨在心里记下或写下自己的想法，等对方停顿时再表达。

高情商的沟通者懂得，倾听不是“忍住不说话”，而是用心参与对方的表达。拒绝打断，不仅是尊重对方，也能为自己赢得更多信任和好感。记住：会说话是能力，会倾听才有温度。

适时表露感激之情，为沟通加点温度

俗话说，“千里送鹅毛，礼轻情意重”，在沟通中也是如此。一句简单的“谢谢”，虽轻如羽毛，却可以润物无声地拉近彼此的距离。真正会说话的人，懂得在适当的时候表露感激之情，让对方既感受到被尊重，又能在心里默默给你加分。

为什么感激会“升温”

心理学中有一个概念叫“情绪增幅效应”，意思是别人给你的帮助，只要得到真诚的感激，他的情绪就会进一步“升温”。这不仅是对对方付出的肯定，更是一种有效的情感连接。

感激让帮助“有回报”：对方的帮助得到你的回应时，会觉得自己的付出是值得的。

感激让关系更紧密：感谢是一种心理上的双赢，送出感谢的人表现了体贴，接受感谢的人则收获了满足感。

如何表达感激更有“温度”

感谢虽然重要，但也讲究方式方法。下面几个高情商技巧，能让你的感谢更具感染力。

具体化的感谢，避免空洞：直接说“谢谢”，虽然不算错，但显得太空泛。试着加上一些细节，能让对方感受到你的用心。

借助其他方式传递感激：如果你觉得当面说感谢有些尴尬，可以借助邮件、留言或其他方式表达，同样能产生积极效果。

用赞美表达感谢：在感谢的同时，适度夸奖对方的优点，会让对方觉得自己被真正看见。

比如，对同事说：“谢谢您帮我修改方案，您总能抓住关键问题，跟您学到了不少！”

不要忽略小场景中的感谢

有时我们往往觉得感谢只适用于工作大场合，而忽略了生活小场合中的感谢。实际上，这些细微的感谢，最能体现你的人情味。

感谢服务人员：服务员为你倒水时，说一句“谢谢，麻烦您了”，不仅让服务员感到被尊重，还可能让其服务更加贴心。

感谢家人：生活中习以为常的事，往往最容易被忽视。对父母的一顿饭、伴侣的一句关心，说一句“谢谢”，让对方觉得辛苦付出是值得的。

感谢领导或同事：即使一句简短的“多亏了您”，也足以体现你的用心。

在这个快节奏的世界里，感激显得尤为重要。它是沟通中的润滑剂，是关系中的黏合剂，别让感激成为一句空话，而是让它变成一种真诚的表达。

下次不妨试着多说一句“谢谢”，再多一点细节和温度，你会发现，这不仅让别人觉得你更体贴，也让自己更受欢迎。

第四章

分寸：细分相处对象，演好多面主角

家人面前的“直白”，职场里可行不通

在家人面前，可以随性一点，说话直来直去。哪怕语气有些不妥，他们也会因为爱而包容你。一旦把这种“直白”搬到职场，你就可能发现，自己瞬间成了“沟通灾难”的聚焦点。职场是个讲究分寸的地方，直白虽然“爽”，但未必合适；含蓄虽然“绕”，却往往更能保住你的体面。

家庭式“直白”：爱是免死金牌

家人面前，直白有时候反而是增进感情的“快捷键”。

比如，晚饭时妈妈问你：“这菜怎么样？”你可能毫不犹豫地说：“咸死了！”妈妈虽然嘴上会抱怨一句“嫌弃就别吃”，但转头还是给你夹了一块鸡肉，说：“快吃吧，别饿着。”

这种对话在家人之间无伤大雅，因为爱让彼此容忍这些“毒舌时刻”。

但试想一下，如果在职场中，领导问你：“这份报告做得怎么样？”你一板一眼地回答：“领导，问题太多，逻辑乱七八糟。”结果领导表情僵硬，同事面露尴尬，你的低情商暴露无遗。

职场式“直白”：真话没错，但需要方法

职场中，直白不是不可以，但表达方式一定要讲究策略，否则分分钟踩到别人的“雷区”。

比如，团队开会时，你直截了当地对同事说：“你的想法根本行不通。”说起来很爽，但效果往往适得其反。同事可能觉得你在挑刺，甚至认为你在针对他，接下来的协作必定更困难。

高情商的人会换种表达方式，比如“你的想法很有意思，或许我们可以做个备用方案，避免意外情况”。看似柔和，但表达的核心信息没有改变——你的提议有改进空间。

学会“迂回”，可以让你的职场之路走得更顺畅

用建议代替批评的方式指出问题。

把“这个方案太糟糕了！”改成“或许我们可以优化一下执行流程，这样更有利于推进”。

表达观点时，避免以“我觉得”开头，而是从团队或大局出发。

把“我觉得这样不好！”改成“从客户角度来看，另一套方案可

能更有吸引力。”

与其直接否定，不如用提问的方式引导对方自己发现问题。

把“你这个方案根本行不通！”改成“如果预算缩减一半，你觉得这个方案还能执行吗？”。

家人之间的直白，有爱支撑，伤不到彼此；职场是个讲规则和利益的地方，太直白的话可能让人敬而远之。真正的沟通高手，懂得在家人面前坦率且真诚，在职场中温柔而坚定。沟通的目的不是“赢了对话”，而是“赢得人心”。只有得体的表达，才能赢得别人的认可。

帮助同事，也可能帮出仇家来

你很热心，不但在生活中乐于帮助那些身处困境的人，在职场中也积极主动向同事伸出援助之手。然而，让你伤心的是，你的好心却被辜负了。很多同事不但不领情，还对你满是怨怼，甚至把你当作仇敌。在职场里，不怕真敌人，就怕假朋友。毕竟，能给你带来大麻烦的都是最了解你的人。

但你不明白这是为什么，直到领导的一句话点醒你。领导真诚地说："虽然你一片赤诚地想帮助人，但你考虑对方的感受了吗？"

是的，你从来只顾自己，不站在对方的角度思考问题，导致用错了方法，自然就出现了"不近人情"的结果。

换句话说，帮助他人并非简单地给予，更需要我们用心思考和运用技巧。那么，怎样才能避免好心帮人反而帮出仇家来呢？

帮人要帮到点子上

当一个人努力推着三轮车上坡，无奈坡度较大，尽管他全力以赴，但仍然难以成功时，另一人出现了。他站在一旁，一边指导他如何用力，一边喊着“加油”。见此，那人不但不感激，反而把他骂了一通。

为什么？很简单，虽然后者出于好心，但是没有帮到点子上。若是他伸出双手，用力帮对方推车，结果就会截然不同。

因此，在你好心想要帮助同事之前，不妨先停下来思考一下：我的方式是否真的符合对方的需求？是否真的能帮到点子上？

只有帮到点子上，给予有效帮助，才能让人心存感激。

帮人，切忌居功自傲

既然你好心帮助同事，不管他取得多大成绩，获得多少荣誉，都要保持平和之心，而不是居功自傲。否则，你的善意就成为“有利可图”“别有用心”，不但让人厌烦，还可能被疏远和孤立。

吴晓见同事愁眉不展，便询问他遇到了什么难题。同事表示，原材料供应商抬高价格，导致项目进行不下去。恰好吴晓的一位朋友在做该原材料生意，他便把朋友介绍给同事，帮他解了燃眉之急。事后，同事顺利完成项目，不但拿到了奖金，还得到了升职的机会。

这下，吴晓可得意了，到处说：“要是没有我，这个项目可拿不下来！”“×× 升职加薪，全靠我了！”

本来同事为了表示感激，准备好好感谢吴晓，但吴晓这一举动惹怒了该同事，同事不但没有表示感谢，反而找他大吵一架，责备他“抢功劳”。

或许吴晓当初帮同事，并未带有任何期望或目的，但事后炫耀自己功劳的行为非常不妥，很容易让人认为“项目能成功，功劳全在吴晓，×× 没什么贡献”。这样，同事能不恼火和怨恨吗?

因此，既然选择帮助他人，就应该心态平和，不张扬、不居功才能得到好的结果。尤其是好为人师的毛病，一定要改。

帮人，不以“优越者”自居

不管帮同事多少或多大的忙，我们都应该尊重对方，而不是以“优越者”的姿态面对他。要知道，我们不比对方优越，也不高人一等，只是出于关心和善意，希望能为他们做点什么。

如果你以施舍的心态帮人，认为“我为你提供帮助，你就应该对我感恩戴德、言听计从”，那么只能适得其反。就算做得再多，也会因为伤了对方的自尊而遭到怨恨。若是对方有骨气，还会果断拒绝你的帮助。

如果你认为帮助他人，自己就有资格肆意评价甚至贬低对方，如“真的不知道你是怎么混的，这么简单的问题都弄不明白，我这个人就是热心，要不是看你可怜，我才懒得帮你……”这样的帮助，显然已经变了味道，更像是踩低别人、抬高自己，结果只能招来记恨。

总之，既然好心帮人，为什么不讲究方式方法呢？帮到点子上，让自己开心，让对方舒心，方能好心有好报。

陌生人面前适度冷静，别贸然交浅言深

老祖宗告诫我们：“逢人且说三分话，未可全抛一片心。”尤其在陌生人面前，滔滔不绝只会让自己变得更“轻飘”，深思熟虑才是最好的“防护网”。很多人误以为，和陌生人拉近关系，就要打开天窗说亮话。结果，窗是开了，风却刮得太猛，吹凉了彼此的热情。要知道，成年人最冒险的行为就是交心。你说出多少秘密，就意味着给自己埋下多少隐患。

交浅言深，往往自讨没趣

职场新人小刘就栽过这样的跟头。第一次参加公司组织的行业沙龙，他见到一位业界精英就兴奋地上前搭话，刚聊了两句，便开始吐露心声：“您这份工作太让人羡慕了！我也想像您一样，但目前真的迷茫得很，完全不知道该怎么做……”

对方一愣，随即露出敷衍的微笑：“哦，那你加油吧。”聊到这儿，气氛彻底凉透，小刘只能讪讪离开。

为什么会这样？因为陌生人还没有准备好接住你投下的“重量”。对方对你一无所知，突然听到一堆深层情绪的倾诉，不仅觉得没有共鸣，还会生出一种莫名的防备。

冷静不是疏离，而是尊重对方的边界

记得一次分享会上，有位嘉宾提到，他曾被一个陌生人问得很无奈。那人刚认识他不到 5 分钟，就问：“您年薪多少？做到这个职位是不是没有时间陪家人啊？”

结果，这位嘉宾当场回复道：“对不起，这个问题我觉得不太适合在这种场合回答。”场面瞬间冷了下来。

实际上，这不是嘉宾“小气”，而是在陌生关系中，彼此需要时间摸索边界。过早地交浅言深，只会让对方觉得被冒犯，甚至产生反感。有些时候，人与人走得太近会让双方都受到伤害。

陌生人面前，如何保持适度冷静

陌生场合，最容易破冰的是“轻松有趣”的话题，而不是沉重的个人困扰。

错误示范：“最近真的倒霉透顶了！您说我该怎么办？”

体面做法：“会场布置得不错，感觉挺用心的，您觉得呢？”

初次见面，不要急于说出观点，而是多倾听对方的想法。

错误示范：“我觉得行业未来可能很难做，真是绝望。”

体面做法：“您对这个行业今后的发展怎么看？”

别急于用自己的观点评价某件事或某个人，尤其是基于表面了解的主观判断。

错误示范：“我一看到您，就觉得您事业做得特别成功，里面一定有很多故事吧。”

体面做法：“能遇见您真幸运，您对行业的理解肯定很独到。”

陌生人面前，冷静能帮助你把握好节奏，避免因为话多而犯错。只有先懂得尊重对方的边界，才可能建立健康、持久的关系。

下一次面对陌生人时，试着问自己一句：“这段话会不会让对方觉得有点儿过？”用冷静掌握分寸，用倾听代替滔滔不绝，你会发现，这样的沟通更加流畅而有温度。

长辈面前，“世故”才是体面

有个女孩第一次到男友家拜访，一碗饭吃完后，正打算盛第二碗，打开饭锅时却发现里面已经没有饭了。男友母亲非常尴尬，问道：“是不是没有吃饱啊？要不我去给你下碗面？”

面对这种情况，很多人可能会说“没关系，阿姨，我还好”之类的客气话。这样看似体面，却很可能让气氛变得更加尴尬。

但这个女孩很聪明，她没有选择回避，而是轻松一笑，巧妙回应说：“我真的吃饱了，只是想看看，是什么样的锅煮出来的饭这么好吃，回头我也想买一个同款。”

说这话时，女孩语气里透着一种轻松自信，既没有表现得太拘谨，又不至于张扬或显得刻意讨好，反而自然地把紧张气氛化解得恰到好处。一句轻松、幽默的回应，既化解了尴尬，又显示了自己的机智和从容。

饭后，男友的妈妈随口说了一句：“都吃饱了吧？桌上的碗筷就留给你们了，我去休息一下。”

这话看似平淡无奇，却是一个微妙的试探。她的意思无非是想看看，女孩是否会主动承担一些责任，或者主动帮忙收拾餐具，展现她“贤惠”的一面。很多人可能会“迎合”这种试探，立刻站起来收拾碗筷，刻意表现出“贤良淑德”的样子。

但女孩非常清楚，她是第一次来到这个家庭，虽然是作为未来媳妇登门拜访，但毕竟还是客人，得把握好分寸。因此，她没有急于展示自己有多“懂事”，而是用更高明的方式回应了男友妈妈的考验。

她先对男友的妈妈说：“阿姨，您准备了这么一桌子菜，辛苦了，您先去休息吧，这些事交给我们。”然后，她又拍拍男友的肩膀，笑道：“你难得回家一趟，赶紧表现，今天我是客人，就不和你争了，快去把碗筷洗了。”

一番话下来，既有道理，又不失分寸。

在长辈面前，什么才是真正的体面？不是过度的谦卑，也不是一味迎合，而是懂得如何在细节中展现自我，又能巧妙地缓和家庭的气氛。这个女孩的表现告诉我们：长辈面前，“世故”才是体面。看不懂脸色，不停追问的毛病，一定要改。

这种“世故”的智慧，不是趋炎附势，也不是矫揉造作，而是通过细腻的观察和准确的判断，展现出一种得体、自然的优雅。在家庭中，尤其是长辈面前，懂得如何处理每个小细节，才能让自己在复杂的社交关系中游刃有余。

灵活应对场合变化，不做沟通的“愣头青”

在沟通这件事上，有的人是“油滑老手”，能把话说得滴水不漏；有的人却是“愣头青”，直来直去，把场面弄得尴尬无比。说话的场合不同，尺度和风格也要灵活变化。如果你不分场景，只会用同一种模式和所有人交流，迟早要被贴上“不懂分寸”的标签。

面对夸奖、勉励时

举个简单的例子，在社交场合，地位较高的人对地位较低的人常常会用勉励、夸奖的话语，但对于领导和长辈，就要用不同的方式应对，才能让沟通顺畅。

面对长辈的夸奖，比如夸你越来越漂亮，记住两点：表达喜悦 + 低姿态“回夸”。你可以说：“哎呀，被前辈夸好开心啊，不过还是比不过您，依然这么神采奕奕。”比如，领导说：“你最近辛苦了。”你可以说：“感谢领导关心，强将手下无弱兵，我怎能给您丢脸呢？”

夸奖我们的除了自己的领导，还有可能是合作公司的领导。

比如“小张很优秀，安排得真是周到”。你回话的时候记住这个公式：表达重视 + 拉上我方领导。

你可以说：“陈总过奖了，我们董事长特别重视您的到访，有需要您随时召唤我就好。”

这样回答，领导听了也会觉得你很会办事。

当然，合作伙伴的平级同事也会因为你出色的工作而称赞你。这个回应方式就简单了，公式是：接受夸奖 + 大方调侃。

你可以说："谢谢，哎呀，趁我的领导都在，你赶紧再多夸几句。"听你这么回复，大家都会哈哈大笑。

这样的回复既恰到好处地应下了夸奖，同时又活跃了气氛。

面对意外、尴尬时

工作场合难免会有意外，要是能搞清状况，将领导的尴尬变成自己的尴尬，将自己的尴尬变成对领导的赞美，你在领导心中的印象就会变得更好。

有些时候，领导也会开些令人尴尬的玩笑。你应对得好坏，决定了这个玩笑是无伤大雅还是让气氛变得尴尬。

小王陪领导参加饭局，进门的时候，服务员对小王说："领导，包间在二楼。"

领导笑着拍了拍小王的肩膀说："没想到你比我更像领导啊。"

小王看了看领导，淡定地说道："瞧您说的，我领导她，您领导我呀，这服务员挺懂事的，还知道不能越级汇报。"

领导听完哈哈一笑，说："你小子，情商越来越高。"

小王笑着说："真没有，领导，主要是跟您在一块儿久了，这不就沾了您的光嘛！鸟随鸾凤飞腾远，人伴贤良品自高啊。"

上菜的时候，服务员没有拿稳碗，不小心把汤洒了，汤正好洒到对方老板的裤子和鞋子上。

对方老板当时脸都黑了，服务员吓得边说对不起，边忙着给老板递纸巾。

这个时候小王说：“赵总，您以后做生意肯定是要发大财啊，这一下带走了不少‘油水’。来，我敬您一杯，预祝赵总、李总合作成功。”只见，赵总瞬间开怀大笑。

沟通中，直率是一种可贵的品质，但不加修饰的直率，只会显得你缺乏分寸。

真正的沟通高手，不仅能根据场合灵活调整自己的表达方式，还懂得掌握时机、节奏，让每次对话都更有价值。

当你身处不同场合时，不妨先想一想："在这里，我说的话是否符合当下的气氛？"毕竟，懂得灵活应对的人，不仅让人舒服，更让人信任。

第五章

进阶：从倾心到知心，精准把控亲密关系

听懂弦外之音，才能把事做得恰到好处

人与人之间的沟通，就像一场双人舞，动作对了才能和谐美妙；要是跳错节奏，就只剩一地的尴尬。“弦外之音”就像舞蹈的隐秘节拍，表面上看平淡无奇，实则藏着很多含义。抓住这个节拍，不仅需要我们耳朵灵，更需要心思细腻。

弦外之音，就是不直说的真心话

如果说直言不讳是大喇叭，弦外之音就是背景音乐。它不会直接告诉你答案，却总在暗示你该往哪个方向走。

小张做了个新策划案，洋洋洒洒三十页，花了整整一个通宵。汇报时，领导皱着眉听完，没点评，只说了一句：“嗯……你辛苦了。”小张面露苦笑，他知道，这句“你辛苦了”不是肯定，是一种体面的否定。要是方案真好，领导会说：“这个可以用。”“你辛苦了”表面是安慰，实际是打回重做。越委婉，越是需要你主动领悟。

弦外之音，就是不把话说死，让听者自己体会。高情商的应对，是顺着话往下接，不仅保全了对方的面子，也展示了你的眼力见儿。

高手如何听懂“弦外之音”

前阵子，老李的老朋友来家里，坐下来就说他儿子要结婚。老李突然想起上个月向他借的 2 万元钱还没有还，赶紧让老伴去拿。

结果，老伴和他说现在手头没有这么多，明天把钱凑齐给送过去，最迟后天。第二天，老伴就跟老李把钱给朋友送去了，还随了礼金，带了礼物。老朋友非常高兴，一个劲儿地夸他们人好。回到家后，老伴跟老李说：“人家来要钱，有也不能马上给他，就算你说忘了，人家也会不信的。”

如何学会听出“弦外之音”

弦外之音，常常藏在语气和重点词中。比如：

表面上说：这件事你看着办。

潜台词：千万别办砸了，我可是有期待的。

弦外之音的解读，离不开场合和背景。比如：

场合：年会筹备时，老板问你今年有什么新想法。

背景：老板其实希望你主动参与，拿出创意，而不是敷衍地回答“暂时没什么想法”。

想清楚对方为什么这样说，往往能更准确地理解弦外之音。

比如：

对方说：这个项目怎么还没有做完？

潜台词：你是不是需要帮助，或者有什么地方卡住了？

沟通高手的过人之处，不在于说得多，而在于听得准。学会捕捉弦外之音，就是在复杂的人际关系中练就一双火眼金睛，既能听到对方的需求，也能在回应中把事做得恰到好处。弦外之音是暗藏在言语中的“地图”。只有学会解读，你才能找到正确的路。

表现出理解，但不要轻易给建议

有句话说得好："自以为是的建议是廉价的，懂得换位思考的理解才值钱。"生活中，很多人喜欢在听别人倾诉时插上一嘴，自以为是地扮演人生导师。然而，结果往往是：本来找你诉苦的人，听完你那些不合时宜的"高见"，转头对你也心生不满。事实证明，建议不在多，而在精；理解不在嘴，而在心。不要轻易纠正别人，更不要随便给别人建议，聪明的人不需要，愚蠢的人不会听。

为什么"建议狂"总是招人烦

一个朋友跑来跟你说"最近工作压力太大，想辞职但又有点犹豫"，你可能很快给出一堆建议：

"辞啊，干吗非得委屈自己！

"别辞，你要对家庭负责。

"你得学会减压，多调整心态……"

看似句句关心，其实全都不中听。为什么？因为对方不是找你解决问题的，而是让你与他共情的。如果你的建议与他的想法不符，反而会让他觉得你不懂他；如果与他的想法一致，他只会觉得是人尽皆知的“废话”。

理解胜于建议

朋友倾诉时，你要做的不是给他指导，而是让他感到“我懂你”。有些人听两句就忍不住发表见解，完全打乱了对方倾诉的节奏。

小赵最近和上司闹了矛盾，向朋友倾诉，朋友上来就说：“这种领导，没什么好说的，赶紧跳槽吧！”小赵本来想找人发泄一下情绪，结果听完觉得心情更糟了，心想：“跳槽哪有那么容易，你这不是在给我添堵吗？”

小张遇到过同样的情况，但他的朋友只是说：“你最近挺难受的吧？要不你先说说最让你烦的地方？”几番交谈后，小张感觉轻松了许多，最后主动提议：“也许我该试着调整一下自己的心态。”

两相对比，哪个朋友更受欢迎，不言自明。

什么时候可以给建议

不是说建议一律不能给，而是要看时机、看场合、看需求。遵循以下几点，才能让你给建议的举动得到正面反馈。

1.对方明确提出请求时

“你觉得我该怎么办？”这类问题明确传达了求助信号。但你要注意分寸，别自顾自地讲一堆大道理。

正确做法：先抛出问题“你倾向于怎么做？”，通过引导，帮助对方理清思路，而不是直接告诉他答案。

2.确认对方的情绪已经缓解时

情绪激动时，谁都听不进去建议，平静下来后，才是讨论问题的好时机。

正确做法：在对方平静下来时提建议。

如：“如果是我，可能会试试这个方法，但具体还要看你觉得合不合适。”

3.避免“绝对建议”

“你一定要”这类话很容易引起对方反感，提建议的方式要柔和。

错误示范：你必须马上辞职！

正确做法：你可以考虑辞职，但要分析一下利弊。

会说话的人让人信服，会倾听的人让人依赖。表现出理解，是人际关系中重要的一环。它让人感到被接纳、被尊重。建议是一把双刃剑，用得好是助力，用不好就是负担。

用心倾听，让对方感觉被重视

沟通中，最让人舒服的不是滔滔不绝的演讲，而是专注而真诚的倾听。一个简单的点头、一句适时的回应，甚至一个鼓励的眼神，都能让对方感到被尊重和被重视。会说话是锦上添花，会倾听才是雪中送炭。

为什么用心倾听这么难

许多人在沟通中，更在意自己的想法是否被听到，而忽略了对方的需求。

对方开个头，你就忍不住插话："我也有类似的经历！"殊不知，打断对方的话不仅显得不尊重对方，还会让对方觉得你只关心自己。

还有些人听得很认真，但只关注对方说的话，却忽略了背后的情绪。朋友说："最近工作太累了。"你却回道："那你早点睡啊。"这不是回应，而是敷衍。

那么，倾听的关键点在哪里呢？在于对方的感受。第一种沟通只在乎自己的感受，而忽略了对方的，甚至将自己的感受凌驾于对方之上；第二种则将注意力放在内容上，而没有照顾到对方的感受，同样是不对的。

只要能将自己的注意力放在对方的情绪、感觉、感受上，沟通就不再困难了。

用心倾听的关键技巧

打开耳朵，闭上嘴巴，用心去听。当对方倾诉时，不要急着发表意见，而是安静地听，用目光和肢体语言告诉对方："我在听，我在乎。"

错误示范：玩手机、东张西望，时不时冒出一句"然后呢"。

正确做法：微微点头、轻声附和，比如"嗯，我明白""是这样啊"。

对方说了重要的话时，可以用自己的语言复述一遍，让对方感受到你的关注。例如：

对方说："最近加班加到快崩溃了。"

你回应："所以你最近压力特别大，对吧？"

倾诉者需要的是理解，而不是"人生导师"。

对方说："我最近太累了。"

错误示范：你回应"多注意身体啊！"。

正确示范：回应对方的感受，比如"听起来确实很辛苦，你现在一定很需要放松"。

倾听的"加分项"：传递尊重和温度

倾听时的眼神接触，是直接的传递关注的方式。它能让对方知道，你的注意力全在他身上。

倾听过程中，你可以适当地表达感受，如“这让我想起类似的经历”“我能感受到你当时的无助”等。这些回应不仅营造了良好的沟通氛围，也让对方觉得你很在意他。

倾听并不意味着完全附和，也需要保持自己的立场。要适当地提出你的看法，但要注意语气和方式，让对方感受到你的尊重。

倾听是沟通的桥梁，也是关系的润滑剂。它能让彼此的心靠得更近，也能让对方觉得自己是被重视、被尊重的。这些正是高情商沟通的精髓。

下一次，当有人向你倾诉时，打开耳朵、闭上嘴巴，用心去听对方的每一句话，感受他的每一种情绪。你会发现，真正的倾听，不仅能治愈对方，也会让你们的关系更加牢固。

不想听的话，可以和颜悦色地当成耳旁风

社交活动中，我们难免会听到一些不喜欢听、不想听的话。如有人指责你："你就是一个自私的人！"或者有人对着你抱怨："你不在乎我的感受！我……，你却……"这往往会影响我们的心情，让我们产生不良情绪。

面对这种情况，该怎么应对呢？

很多人往往会皱起眉头，展现自己的不快，或者直接与对方吵起来。事实上，这种方法并不恰当，不但会让自己的情绪更加糟糕，还会激化矛盾，破坏人际关系。但是，如果不把它放在心上，把它当作耳旁风，结果将大不一样。你不在意它，它就不会对你有任何影响。

那么，对于那些不想听的话，如何才能把它当作耳旁风呢？

转移话题，避免尴尬

当朋友或同事说出你不想听的话题时，巧妙地转移话题是一种

既维护双方关系又避免尴尬的有效方法。

比如，你刚刚失业，朋友和你讨论这个话题，你不想讨论，就可以巧妙地转移话题。如：“反正现在有空闲时间，我想散散心，你知道哪里的风景特别美吗？有没有推荐的地方？”或者说：“哎呀，说到这儿，我突然想起一个笑话，你要不要听听？”

转移话题时，注意保持自然和流畅，不让对方感到突兀或被忽视，自然可以达成目的，又不让对方尴尬。

高情商地回击

很多时候，有人或许因为嫉妒，或许单纯是喜欢阴阳怪气，故意说一些令你不舒服，或者找你麻烦的话。这时候，你不要着急，也不要与其争吵。巧用语言技巧，高情商地回击，就可以让对方哑口无言。

比如，晚上 6 点整，你拿起包准备下班时，同事看到领导站在门口，故意大声说：“大家都在加班，你这么早就走呀！”

你只需这样回复就可以了：“你上班时少玩会儿手机，也能像我一样准时下班。”这既回击了对方，又告诉领导你高效地完成了工作，没有偷懒。

你是本月销冠，有同事却阴阳怪气地说：“既然是销冠，怎么也得请大家吃顿饭啊。”

你可以这样回复：“你不当销冠是因为不想请大家吃饭吗？”用他的话来反问，不伤和气，又让对方无话可说。

记住，那些带着答案问你问题的人，他要的不是答案，而是你的把柄。

含糊其词，揣着明白装糊涂

有时候，揣着明白装糊涂是一种很有效的方法。

很多时候，有人喜欢谈论别人的工资，“你工资多少”“你在大城市工作，工资肯定很高吧”，看似是在关心你，其实是为了满足自己的窥探欲。即便你不愿意回答，他们仍会不断追问。这时候，你完全可以揣着明白装糊涂，回答：“也就勉强维持生计。怎么，你想伸出援手帮我提升生活品质吗？”含糊其词，把问题抛回去，对方自然就不敢继续追问了。

当别人找你借钱时，你也可以这样说，如：“我正在讨债，讨回来就借给你，你再坚持一下。”不说借，也不说不借，巧妙地回避问题，让对方无计可施。当然，若是真正的朋友前来借钱，你就不能这样回应了。即便要拒绝，也要合情合理。

别装“知心人”，尊重彼此的界限

社交中，有些人喜欢扮演“知心人”的角色，仿佛对谁都能洞悉一切。别人随便说点心事，他就自作聪明地接话：“我懂，你就是因为……”长篇大论地分析，殊不知对方早已在心里翻了无数个白眼。不是每段关系都需要你去拆解，不是每个人都希望被看透。懂分寸的人，从不越界。

主观解读，谁听了都想翻白眼

每个人都有自己的烦恼，“知心人”偏偏喜欢用自己认可的东西强硬地往他人身上套。他们的主观解读不仅不会带来帮助，反而会让对方觉得自己被侮辱了，他们不懂装懂的表现更是让人大翻白眼。

小张和朋友吐槽：“最近工作太忙了，压力好大。”结果对方立马开始自以为是地建议：

“你就是目标定得太高了。”

“是不是跟同事关系不好？”

明明只是想聊聊工作，对方却像做心理咨询，这种“好为人师”的态度，让人从心底抗拒。

尊重界限的沟通，是彼此关系的润滑剂

想要有界限地沟通，要先弄清楚什么是“话题信号灯”。人际交往中的话题，可以分为三类。

绿灯话题：对方主动聊的，比如兴趣爱好、旅行经历。这是安全区域，大可放开聊。

黄灯话题：对方提了一半又转移话题，比如感情现状、工作烦恼。这类话题需要谨慎触碰。

红灯话题：对方从未提及的隐私，比如收入、家庭矛盾。别自作聪明地开口。

聊天中，无论“话题信号灯”是哪类，有时不是看你愿不愿意说，而是看对方愿不愿意聊。

另外，用提问代替判断也能最大限度地给他人尊重。

当对方透露情绪时，不要急于下结论，而是试着用开放式的提问让对方舒缓情绪。

对方说：“最近加班好累。”

你回应：“看来你真的很辛苦，这段时间公司是不是特别忙？”

而不是：“你干吗不直接辞职呢？”这样说显得冷漠而粗暴。

尊重彼此的界限，才是稳固关系的最好方式。你不是对方的镜子，更不是对方人生的“说明书”，少一些主观推测，多一些真诚互动。不是所有隐私都能被触碰，真正的关心是尊重对方的想法，而不是试探对方的底线。

学会在风度与不受气之间切换自如

不论是生活中还是职场上，总有这么一些人习惯忍气吞声，就算被嘲笑、冒犯、欺负，也不敢或者不好意思反击。

他们怕得罪人，怕破坏关系，怕别人说“这人真没风度，因为这点小事就生气”，于是宁愿委屈自己，也选择忍让、顺从，甚至迎合。

是否这样做，你就能得到别人的尊重与喜欢，收获和谐、美好的人际关系呢？当然不是。恰恰相反，正因为你选择了忍受，对方才会得寸进尺、变本加厉。久而久之，你就会成为人人都可以拿捏的“受气包”。

这个时候，别说风度，就连自尊也失去了。

所以说，不管在什么场合，你都应该学会捍卫自己的正当权益。事实上，这是再简单不过的事情。只要你迈出第一步，就会发现，没有什么大不了的。那么，如何做到在风度和不受气之间切换自如呢？

明确底线，迈出不受气的第一步

想要不受气，你必须清楚地知道并坚守自己的底线。当对方的行为或言语触及你的底线时，你要勇敢地站出来表达不满，让对方知道你不是天生的“受气包”，问题就变得简单多了。

不一味地忍让，大胆地说“不”

一味地忍让，是非常危险的事情。

与人交往的过程中，如果你对于别人的嘲笑、冒犯或欺负，无条件地忍让，害怕激起对方的愤怒或怨恨，或认为说“不”是一种无礼和否定，想要与人和平相处，就不能把“不”字说出口，就会彻底成为被欺负的对象。

因此，你必须改变认知，改变忍让的态度，可以尝试对自己说：“既然他欺负我，我为什么要怕激怒他呢？”“激怒他，没什么大不了的！”

同时，告诉自己：“我有说‘不’的权利。只要我不喜欢、不愿意，就可以对任何人说‘不’。”

高情商地表达，方式要得体、委婉

当然，捍卫自己的权益时，需要注意表达的技巧：态度要坚定，语言要委婉，避免言辞过于激烈，切忌恶语相向。

同时，保持一种冷静自持的风度，以和平、理性的方式解决问题。这样一来，既不委屈自己，又避免了冲突升级。

第六章

抬场：滴水不漏的夸奖，使人既舒服又难忘

夸人要有分寸，“恰如其分”才是最好的

夸人是门艺术，可能锦上添花，也可能弄巧成拙。夸得太虚假，对方嫌你虚伪；夸得太直接，反而让人无地自容；夸得过了头，还可能被认为你居心叵测。

所以，夸人不在于声势浩大，而在于恰如其分，既能让对方听得舒服，又能让自己显得真诚。

夸人过头，结果是全场尴尬

公司年会，主持人要给老王颁发“最佳团队领导奖”，开场就说：“老王绝对是我们公司最有领导魅力的人，凡是他带的团队，没有不成功的！”

本以为老王会得意扬扬，谁知道他的脸色瞬间僵住，底下还有同事小声嘀咕：“他去年那个项目不就黄了吗？”

事实证明，夸人过头就像“用力过猛”，对方听着不自在，旁人也觉得假。

高情商地夸人，如何“恰如其分”

高情商的人在夸奖他人时，懂得找到对方的优点，既不夸张也不敷衍。比如，客户在项目会上提出一个不错的改进建议，你可以这样说：“刚刚的想法很好，直击问题核心，您真是专业。”

别说诸如“您简直是个天才”“这种创意全球独一无二”之类夸张的话，因为这反而会让对方觉得你在敷衍。

如果同事完成了一个复杂的方案，直接说“你真棒”，虽然能表达夸奖之意，但是力度不够。可以换成："这个方案逻辑清晰，特别是数据部分，非常细致，关键点总结得很到位。"

这样细节性的肯定，既让对方知道你认真看了，也能体现你的诚意。

控制频率，不做"复读机"

夸人如果太频繁，容易让人觉得你缺乏诚意。最好在关键时刻夸奖，比如同事完成了一项艰巨的任务或客户提出了独到的见解，这个时候，你的赞美更具价值。

夸人不求惊艳，但求舒心；不求声大，但求精准。不需要过多华丽的辞藻，不需要过分抬高，恰如其分的夸奖，才是最令人难忘的沟通艺术。它既能拉近人心，又能让对方心甘情愿地认同你。

夸奖要有理由，真诚一句胜过浮夸千字

有人说，夸奖是一种社交润滑剂，既能拉近关系，又能增添好感。但问题是，这个“润滑剂”用得不好，不仅“滑不动”，还可能让人感觉虚伪甚至反感。随口说出的过度赞美，只会让对方觉得你在敷衍；真诚、有理有据的一句夸奖，却能轻松赢得人心。

没根据的夸奖，最容易弄巧成拙；没诚意的夸奖，徒增距离。

前几天朋友聚会，小王刚染了一头金发，老刘凑过去夸张地说：“哇，你这个发型太时髦！简直太帅了！”

结果小王苦笑着回应：“谢谢你夸我帅，不过这个发色不是我想要理发师给我染的发色，我还打算明天去修整一下。”

一句夸奖，听起来像赞美，却踩在别人的“雷区”上，场面一度十分尴尬。

小李加班熬夜赶出来一份项目方案，领导扫了一眼，随口说了一句：“嗯，不错啊。”然后就再没有下文了。

小李心里纳闷：“这到底是真不错还是领导在敷衍我？辛苦两天

换来这样的夸奖，和说‘今天天气不错’有什么区别？”空洞的夸奖就像一片云，听着虚无缥缈，说不到人心里去。

赞誉过高只会适得其反

“你真棒！”“你真好！”这种空洞的夸奖，只会让对方怀疑你是在敷衍他。没有具体内容的赞美，等于白费力气。

明明对方没有什么特殊的表现，硬夸只会让人觉得你别有用心。赞美要建立在事实之上，别违背实际情况。

捧得越高容易摔得越疼，夸奖要适可而止，避免让对方觉得你过于奉承。赞誉过高的赞美就像“假笑”，看着热情，实际却让人反感。

体面夸奖的实战案例

1.“夸外在”的高情商表达

普通版：“你的衣服真好看。”

体面版：“这件衣服特别适合你，颜色和你的气质特别匹配，看着既有精神又有活力！”

夸衣服不如夸人，把外在美和内在气质结合起来，更能让对方感到高兴。

2.“夸能力”的高情商表达

普通版：“你这次做得很好。”

体面版：“你这次的执行力太强了，项目从开始到落地，你的推进速度特别惊人，堪称完美！”

对能力的具体赞美，让对方不仅听得明白，还能感受到你的认可。

3.“夸性格”的高情商表达

普通版：“你人真好。”

体面版：“你特别有耐心，刚刚小张的问题那么复杂，你还能这么细致地讲解，真让人佩服。”

性格上的真诚夸奖，往往比泛泛而谈更打动人心。

夸奖不用堆砌辞藻，真诚的一句，胜过浮夸千字。会夸人的人，从不靠浮夸的言辞取胜，而是靠真诚的态度赢得人心。一句有理有据的赞美，不仅能拉近人与人之间的距离，还能让对方记住你的用心。

用小细节点明
对方的优点，更加分

夸人这件事，说得太大，容易空洞；说得泛泛，显得敷衍；说得太多，显得有意讨好。但如果抓住一个细节，精准地点出对方的优点，就不一样了。细节是最有说服力的“放大镜”，能让你的赞美不仅让人听着舒服，还更显专业和真诚。

点到为止的夸奖最有效

有个人在饭局上吹嘘老板的演讲：“您刚刚讲得太棒了，真是妙语连珠啊！”

这听起来好像是在夸奖，但老板听完只是微微一笑，表情略显冷淡。

他的同事补了一句：“尤其是最后那句总结，‘用数据说话比用情绪说话更有效’，真的一针见血，给我们很多启发！”

结果老板瞬间来了精神，主动聊起数据分析的重要性，还说要分给这位同事一个新项目。

夸奖的关键是细节制胜，抓住亮点，胜过十句泛泛之语。

如何找到让人眼前一亮的细节

大部分人希望他人看到自己的努力。所以，当你发现对方在某个细节上特别用心时，要立刻说出来。

比如，对方穿了一件精致的外套，你可以说："这件衣服的剪裁真好，特别适合你的气质。"这种夸奖比"你今天真好看"更能让对方感到被认可。

不要说："你真有耐心。"

试试这样说："你刚刚只用了 5 分钟的时间就跟客户解释清楚了，还特别有条理，真的很有耐心。"

抓住行为细节，能让你的夸奖更有可信度。

朋友做了一顿饭招待你。

不要说："你做饭真好吃。"

试试这样说："这个番茄鸡蛋炒得刚刚好，酸甜口味很平衡，绝了！"

这种"精准夸奖"，比泛泛而谈的赞美更容易打动人心。

如何避免陷入夸奖"雷区"

1.别乱用夸张词

"最棒""天才""全能型选手"这类夸张词，说多了只会让人觉得你在开玩笑。真诚的赞美胜过过度拔高。

2.夸奖不要太空泛

不要总是重复说“真厉害”“特别棒”这种模糊词，久了会让人觉得你只是在敷衍。

3.控制夸奖的频率

夸奖太频繁，容易让人产生防备心理。关键时刻，一击即中的赞美，才更显功力。

夸人不需要高调，用细节点出对方的闪光点，才能让赞美更有温度、更有分量。夸奖人，不在于说了多少好听的话，而在于能用细节打动对方。每个人都喜欢被认可，但更希望自己的努力和付出被真正看到。所以，别吝啬你的细心观察，抓住对方的闪光点，用具体的细节真诚地表达你对他的欣赏。

从对方的价值感出发，夸到心坎里去

“夸人不费钱”，但夸得恰到好处却需要一点技术含量。你随口一句“真棒啊”，看似热情，却可能被人觉得“没诚意”。如果你的赞美恰好提升了对方的价值感，立马就能让人备感满足，甚至对你另眼相看。

价值感是每个人的软肋

每个人都希望自己的价值被看到，因为那意味着“我被认可了”。想让你的夸奖更有价值，别光顾着说一堆溢美之词，而要学会找到对方真正重视的价值点。

小李是团队里的数据达人，他最喜欢炫耀的就是自己的表格做得多精细。一次开会后，你随口夸一句：“小李，这个数据模型真是太好了，我拿去跟客户解释，完全没压力。”

这比简单说一句“表格做得不错”的价值感，直接让小李“飘”了 3 天。

朋友小张在健身房里挥汗如雨，为的就是撕掉“胖仔”的标签。哪天你见到他，可以这样夸：“哟，最近练得真不错，这手臂线条快赶上教练了吧？”

别怀疑，小张回头一定把这话当成健身房的口号记住。

从对方的骄傲和努力切入，让你的夸奖变成一种“深度服务”。

如何找到对方的价值点

每个人都会在自己擅长的领域表现得更加自信。抓住这个领域夸奖，是你最快“敲开”对方心扉的方式。

朋友买了新车，你说：“挺好的。”

高情商的人会说：“你这车选得真讲究，配置既实用又豪华，一看就懂行。”

朋友听完，心里暗暗高兴：“对，我就是这么‘懂’车！”

观察对方聊天时最愿意提起的事情，那可能涉及他最擅长的领域，也是你最好夸赞的地方。

领导提到带团队很辛苦，你说："辛苦您了。"

高情商的人会说："领导，您一带团队，真是带出了'战斗机'编队，每个项目都能拿下，太厉害了！"

领导听完，会觉得这人既懂事又会说话。

体面夸奖的实战案例

1.夸专业能力

同事完成了一个项目，你说："你挺厉害的。"

高情商的人会说："你这个项目报告，不仅逻辑清晰，连客户提出的问题都预先准备好了，简直就是教科书级的。"

效果：从专业能力出发，瞬间让人觉得自己的努力被认可。

2.夸外在形象

朋友穿了新衣服，你说：“这衣服挺好看。”

高情商的会人说：“你这衣服选得真有品位，衬得你气质更高级了！”

效果：夸衣服不如夸气质，这种内外结合的赞美更能打动人。

3.夸个人性格

朋友帮了忙，你说：“你人真好。”

高情商的人会说：“你总是特别细心，每次帮忙都想到关键的地方，真让人放心！”

效果：从行为入手，夸奖性格，让对方觉得自己特别有价值。

别用廉价夸赞，戳中“心窝”才最动听

夸人有时就像配调料，太淡了没味道，太浓了腻人，是一门技术。高明的夸奖是精准击中对方的“心窝”，让对方听着舒服，心里觉得值，甚至还想再听几遍。

廉价的夸奖往往是“好听一瞬间，一天就忘掉”。戳中“心窝”的赞美，才能让人记很长时间。

什么是“廉价夸赞”？模糊笼统，毫无记忆点；“夸”而不实，像假钞；语言空泛，像机器。

那么，如何精准戳中“心窝”？

观察对方在意的事

每个人都有在意的地方。有人重视专业能力，有人看重形象气质，还有人喜欢听别人夸自己性格好。抓住对方最想被认可的点，夸到别人心里。

领导在饭局上夸小张：“你文案写得真不错。”

小张回答：“谢谢领导夸奖，这得益于您的指导。”

这样的回答既夸了领导的领导力，又表现了自己的执行力，双赢。

用事实支持你的夸奖

抽象的夸奖没有说服力，具体的事例才能让人信服。

同事做了件成功的事，你说：“你太厉害了！”

高情商的人会说：“你这次把客户的需求点分析得太准了，那个‘一对一服务’的方案，直接敲定了他们的合同！”

对方听完，只会觉得你眼光毒辣、观察仔细。

带点“共情”，让人更感动

夸奖时，适当站在对方的立场，用“如果是我”的视角表达敬佩。

朋友熬夜赶项目，你说：“如果是我，估计早垮了，你还能完成得这么好，真是佩服！”

比单纯地说“辛苦了”，更让人感同身受。

观察 + 事实 + 共情，三管齐下，夸奖才能击中要害。

好的夸奖不多不少，正好夸到对方的心坎里，会让人念念不忘。会夸人的人，总能让对方觉得自己是重要的，是被尊重的。夸奖就是从对方的需求和价值出发，用真诚的语言和有力的事实打动人心。别吝啬你的智慧和用心，下一次夸人时，让对方心里甜得像抹了蜜。

第七章

推辞：不为难自己，也别惹人羞怒

拒绝要留余地，不给人“关门感”

拒绝是人际交往里的一大难题。直截了当地说“我不行”“没时间”“不可能”，看似简单干脆，却可能让对方下不来台；但要是碍于人情，随便答应，又容易招惹麻烦，把自己拖进泥潭。

那些会拒绝的人，总能巧妙地让对方接受事实，还觉得他们说得真有道理。高明的拒绝，永远是软中带刚，既不给人“关门感”，也让彼此都有台阶下。

比如，朋友约你周末帮忙搬家，如果你直截了当地说“周末我要休息，没空”，虽然是事实，但听的人必然心里堵得慌——不帮忙可以，说得这么绝情是什么意思！

再看看高手的说法：“这周末我已经安排好一些事情，可能帮不上忙了，不过下次如果需要，我一定尽量抽时间。”一来说明自己确实有安排，不是故意推脱；二来给出“下次有机会再帮忙”的余地，对方虽然心有遗憾，但也能平静地接受。拒绝不是断绝，留点余地，关系还能继续。

那么，如何才能让拒绝留有余地，不给人“关门感”呢？

借力第三方，把“黑锅”推走

人际交往中，如果不想惹麻烦，就一定要记住：钱，不外借；车，不外借。

然而，日常生活中，我们面临最多，也最难推脱的，恰恰就是“借钱”和“借车”这两大问题。这种时候，不妨借力第三方缓解拒绝的尴尬。

比如，朋友开口向你借车：“你的车借我开两天呗。”直接拒绝未免伤感情，这时候，你可以这样说：“车保险是家里统一管理的，借出去的话有点儿麻烦，可能不太方便。”

这话的意思是，你很想帮忙，但“形势比人强”，对方反而不会责怪你。

给台阶下，拒绝也不伤人

拒绝不是目的，维护关系才是。巧妙拒绝，通常会得到对方的理解和支持，让人觉得你不是在为难他，而是有难处。

比如，同事请你帮他完成任务，你实在分身乏术，这时可以这样说：“我还有些紧急任务没有完成，今天可能帮不了你了，不过你可以试试找小王，他刚做完类似的项目，肯定能帮到你。”

拒绝的同时也给对方提供新的思路，不至于让对方两手空空。

补偿式拒绝，让人听着舒服

如果真的是自己没空或没有能力，你可以通过提出额外的“补偿”让对方觉得你很有诚意。

比如，朋友让你周末帮忙拍视频，但你早已另有安排，可以这样告诉他：“这个周末我实在抽不出时间，不过如果你需要设备，我可以借给你，还可以教你几个实用的小技巧。”

明确拒绝对方的请求，但同时提出其他方式的帮助，能让人感受到你的体贴和真诚。

不直接否定，婉转回应显修养

人际交往中，直接否定别人，不亚于“社交自爆”。一句“这不行”“我不同意”，虽简短有力，却会瞬间将氛围降到冰点。

试想，当同事提议加班点外卖时，你却脱口而出：“外卖那么不健康，我不吃！”表面上看，你是在拒绝，但言下之意却像在批评对方：“你吃外卖就是不健康。”让人心里堵得慌。

如果你能婉转一些，告诉对方：“外卖确实挺方便，但我最近在调整饮食，带了些浅淡的食物。要不我帮大家看看有没有更健康的选择？”这样说听上去是不是就舒服多了？

所以说，即便是拒绝，也不要直接否定，婉转回应才是有修养的体现。

“换个方向”引导对方

直接否定，往往让人觉得自己的想法、能力被全面否定，既伤感情又伤颜面。这时候，不妨巧妙地提出另一个选择，用引导的方式化解尴尬。

比如，朋友建议周末去爬山，但你只想在家休息，如果直接说“不去”，未免让朋友扫兴。这时，你不妨提出另外的选择：“爬山确实不错，不过这个周末我想休整一下，要不下次再约，或者我们换个轻松点的活动？”

这样说，既尊重了朋友的提议，又明确表达了自己的意愿。

用转折法巧妙拒绝

被拒绝本身就是一件让人不高兴的事情，所以，你要学会善用“是的，但……”结构，先肯定对方，让对方感受到你的友好和善意，然后再顺势表达自己的看法。

比如，当同事提出一个不太现实的建议时，虽然你心里觉得十分荒谬，但不妨先给予他一些肯定，然后再提出自己的意见：“这个想法很有启发性，不过如果从执行层面看，可能还有些难度。要不我们再讨论一下其他的方式？”

这样的拒绝，不仅避免了正面冲突，还展现了对同事的尊重。

共情式回应拉近距离

否定和拒绝，最忌讳的就是完全忽视对方的感受。此时，可以通过共情的方式，先表达对对方立场的理解，再提出自己的想法。

比如，当朋友分享她的烦恼时，你可能不完全认同她的观点，但可以先表示理解：“我能理解你现在的心情，确实很不容易。其实，我也有过类似的经历，可能这样处理会让你感到更轻松一些……你觉得呢？”

这种回应方式，不仅让对方感到被尊重，还能有效推动双方达成共识，不至于让任何一方觉得被否定。

幽默话术，把拒绝进行到底

如果你想在社交中如鱼得水，那么，一定要改正不断退让、过度善良的毛病。

拒绝不是冷酷，而是微妙的沟通艺术。很多时候，拒绝所带来的种种压力，往往不在于拒绝本身，而在于如何让拒绝的话既不伤人，又能将拒绝进行到底，守住自己的原则和底线。

这种时候，不妨学会在拒绝中加入一点幽默元素，从而有效帮助我们巧妙地避开直接对立的尴尬，在不伤害对方感情的前提下坚持自己的立场。

自嘲式拒绝：把拒绝转化为幽默话术，既轻松又有趣

幽默有时不需要那么多技巧，最简单直接的方式便是自嘲。通过幽默话术，既能表达拒绝，又能避免让对方感到被轻视。

比如，好友约你去 KTV 唱歌，但你歌唱得实在不怎么样，直接拒绝很容易让人觉得你无趣，或者不合群，那么你不如这样回应：“别人唱歌要钱，我唱歌可是要命的。为了保护大家的耳膜，我还是不去啦。”

这样的拒绝不仅幽默，也是一种“示弱”，能让对方轻轻松松地理解你拒绝的缘由，也不会让对方感到被冷落。既有人情味，又能让拒绝显得不那么“锋利”。

幽默式拒绝：给对方留点余地，自己也不丢分

幽默地拒绝，表面看起来似乎不那么严肃，但它通过一种巧妙的方式让对方明白你的立场：你没有能力帮忙，又不想伤害对方。这种无伤大雅的拒绝方式，往往会让对方看到你的人格魅力，而非拒绝本身。

比如，当同事找你借钱时，如果你直接回绝，未免显得过于生硬，甚至有点冷漠。如果你幽默地回应："如果我现在借给你，那我可能要变成穷光蛋了，等我发工资再说吧，哈哈。"

这样的话语，不仅能达到拒绝的效果，也能让气氛变得轻松一些，有效避免因拒绝而产生尴尬。

讽刺式拒绝：用反话表达拒绝，营造轻松氛围

有时，适度的讽刺能让拒绝变得轻松和有趣。这样的讽刺不意味着攻击，而是用一种夸张的方式表达自己无法接受的事情。

比如，朋友热情地邀约你去看一场你根本不想看的电影："这部电影超好看，肯定会打动你的！快去看啊！"

如果你不感兴趣，不妨幽默回应："打动我？我更担心的是电影会'打动'我的眼皮——睡着怎么办？我最好带个枕头。"

这样一来，你不但幽默地拒绝了对方，还把拒绝变成一个轻松的玩笑，既不会让对方感觉你刻意拒绝他的邀请，又表达了自己的真实想法。

拒绝的万能方法：把“不行”换成“不太方便”

生活中，拒绝是一项必备的社交技能。每个人都会遇到一些不得不婉拒的事情：可能是推掉一个不想去的聚会，也可能是拒绝朋友借钱、借东西，又或者是告诉老板某个项目自己无法完成。然而，与“拒绝”相关的词，如“不行”，往往会让人感到不适，说出来时就好像一刀下去，切断了所有的关系。那该怎么办呢？别急，这里有一个拒绝的万能方法——把“不行”换成“不太方便”，会让你的拒绝听起来既委婉又不失分寸。

“不太方便”比“不行”更温和

“不行”这个词虽然清晰明了，但字面上却显得十分生硬冷淡，就像一堵墙，直接把人挡在了外面。如果用“不太方便”，就会立刻减轻拒绝的锋利感。它暗示了一种“情境限制”，就好像你有无数原因不能答应，且这些原因无关个人情感，只是暂时的障碍。

比如，当朋友请求你做一件你不愿意或没有能力完成的事情时，你用“不太方便”来回应，就会给人一种含糊又微妙的感觉，留给对方巨大的想象空间，甚至让对方觉得，你的拒绝并非直接针对事情本身，而是碍于一种“合理”的限制。

“不太方便”比“不行”更人性化

被拒绝后，有些人即使口头上说“没关系”，内心还是会感到失落。直接说“不行”，那种冷冷的语气，会让人觉得自己被无情地拒绝了，心中多少有些不悦。如果换成“不太方便”，就会显得更具包容性，它带有更多的理解和体贴，好像你没有无情地拒绝对方，只是出于某种原因没办法答应。

尤其是在职场上，当你的上级要求你额外多做一些工作时，如果你直接生硬地说“不行”，可能会让对方觉得你缺乏合作的态度。如果你用“不太方便”的说法：“今天晚上有些私人事务要处理，实在不太方便加班，能不能明天早上再做？”既能表明你拒绝的立场，让上级无法反驳，又不会让对方觉得你过于冷漠，对他不够尊重。

而且，“不太方便”听起来有时候比“不行”更加“正当”，给对方一种感觉：你是有实际困难才拒绝的，而非单纯的“不想做”。

“不太方便”更有弹性

有时候，我们不是完全拒绝某个请求，而是“暂时不行”。如果你急于用“不行”，就像把一扇门关得紧紧的，没有留下任何缝隙。

如果你用“不太方便”来表达，可以让对方感觉这扇门没有完全关闭，它只是暂时关上了，还留有一线希望。

比如，有人请你帮忙的时候，如果你直接说“不行”，可能会让对方感到尴尬，甚至觉得你不给他面子。如果你用“不太方便”回应：“现在有点不太方便，我正在处理其他事情，等我忙完再帮你看看。”这样既没有伤及他的面子，又给自己留了余地。如果忙完后有时间，你可以主动帮他；如果实在做不到，你再婉转地解释，这样做不会让关系变得紧张。

提供备选方案，拒绝也要有温度

有人说，拒绝就该果断干脆，反正你不帮忙，不如一刀两断，省事儿。道理听上去没错，可现实往往没那么简单。直白的拒绝可能让对方觉得你不够友善，甚至影响彼此的关系。

高情商的人懂得，在拒绝的同时，抛出一个备选方案，不仅能让对方体会到你的善意，也能为自己留下更多的余地。

拒绝是一种能力，提出备选方案则是一种态度。你得让对方觉得，即便得不到你的直接帮助，也仍然能感受到你对他的在乎。这种有温度的沟通，才是维系长久社交关系的关键。

提供备选方案，让拒绝“软着陆”

拒绝不意味着完全不顾对方的期望。真正高情商的人，是在明确表达拒绝的同时，让对方心里不至于感到失落。这时候，提供一个备选方案，就像“软着陆”的技巧，让拒绝不那么伤人。

举个例子，当你试图拒绝朋友的邀约时，如果能提供一个新的、让对方更感兴趣的方案，那么就能巧妙地将拒绝从“硬”变成“软”，让对方不再感到被拒绝，而是觉得自己被照顾着。即使原本的请求未能如愿，对你依然会保持好感，因为你尊重了他的需求，并给了他新的希望。

提出其他建议，抚平“失落感”

我们都有过这种感受：当别人拒绝你的时候，如果没有替代方案，心里会空落落的。但是，如果对方说“我不能帮你做这个，但能给你其他建议”，这会让人觉得还可以有所期待。

所以，当你试图拒绝别人提出的请求时，不妨试着提出一些新建议，展现你愿意为对方的事情贡献力量的姿态。这样，虽然对方没有得到你的帮助，但至少感受到了你的理解和关心。这种“温暖的拒绝”反而更能加深彼此的关系。

留有余地，给拒绝加上“时效性”

当对方要求你做某件事，而你只是暂时无法做到时，不妨为拒绝增加一个“时效性”。这样既能为此事留有余地，又能为自己争取更多的时间来应对。

比如，领导要求你出差时，你不想去，但又不能直接拒绝，那么可以在拒绝的同时，提供新的建议或方案。比如："抱歉，这个时间我确实有安排，可能不行。不过，安排在下个月初我可以接受，能不能调整一下？"

通过这种方式，在拒绝当前要求的情况下，也能让领导觉得你不是简单地"拒绝"，而是有其他工作计划和实际情况。你没有完全拒绝，而是展现了"可调性"，让对方感到是可以商量的。